KB206319

불설대승무량수장엄청정평등각경
佛說大乘無量壽莊嚴淸淨平等覺經
한글·한문 독송집

무량수여래회

佛說大乘無量壽莊嚴

清淨平等覺經

釋淨空敬題

노향찬 爐香讚

爐香乍熱 法界蒙熏 諸佛海會 悉遙聞
노향사설 법계몽훈 제불해회 실요문

隨處結祥雲 誠意方殷 諸佛現全身
수처결상운 성의방은 제불현전신

나무향운개 보살마하살
南無香雲蓋 菩薩摩訶薩
나무향운개 보살마하살
南無香雲蓋 菩薩摩訶薩
나무향운개 보살마하살
南無香雲蓋 菩薩摩訶薩

연지찬 蓮池讚

蓮池海會　彌陀如來　觀音勢至坐蓮臺
연지해회　미타여래　관음세지좌련대

接引上金階　大誓弘開　普願離塵埃
접인상금계　대서홍개　보원리진애

南無蓮池海會　菩薩摩訶薩
나무연지해회　보살마하살

南無蓮池海會　菩薩摩訶薩
나무연지해회　보살마하살

南無蓮池海會　菩薩摩訶薩
나무연지해회　보살마하살

南無本師釋迦牟尼佛
나무본사석가모니불

(세 번)

개경게 開經偈

無上甚深微妙法　百千萬劫難遭遇
무상심심미묘법　백천만겁난조우

我今聞見得受持　願解如來眞實意
아금문견득수지　원해여래진실의

불설대승무량수장엄청정평등각경
佛說大乘無量壽莊嚴清淨平等覺經

무량청정평등각경
無量清淨平等覺經
후한後漢 지루가참支婁迦讖 역

불설제불아미타삼야삼불살루불단과도인도경
佛說諸佛阿彌陀三耶三佛薩樓佛檀過度人道經
일명 『무량수경』 · 일명 『아미타경』 오지겸吳支謙 역

무량수경
無量壽經
조위曹魏 강승개康僧鎧 역

무량수여래회
無量壽如來會
당唐 보리류지菩提流志 역

불설대승무량수장엄경
佛說大乘無量壽莊嚴經
조송趙宋 법현法賢 역

○ 自漢迄宋同經異譯可考見者凡十有二近代流通唯此五本

菩薩戒弟子 鄆城夏蓮居 會集各譯

佛說大乘無量壽莊嚴淸淨平等覺經
불설대승무량수장엄청정평등각경

法會聖眾第一
법회성중제일

如是我聞。一時佛在王舍城耆闍崛山中。與大比丘眾萬二千
여시아문。일시불재왕사성기사굴산중。여대비구중만이천

人俱。一切大聖。神通已達。其名曰。尊者憍陳如。尊者舍利
인구。일체대성。신통이달。기명왈。존자교진여。존자사리

弗。尊者大目犍連。尊者迦葉。尊者阿難等。而為上首。又有普
불。존자대목건련。존자가섭。존자아난등。이위상수。우유보

賢菩薩。文殊師利菩薩。彌勒菩薩。及賢劫中一切菩薩。皆來
현보살。문수사리보살。미륵보살。급현겁중일체보살。개래

集會。
집회。

德遵普賢第二
덕준보현제이

又賢護等十六正士。所謂善思惟菩薩。慧辯才菩薩。觀無住菩
우현호등십육정사。소위선사유보살。혜변재보살。관무주보

薩。神通華菩薩。光英菩薩。寶幢菩薩。智上菩薩。寂根菩薩。
살。신통화보살。광영보살。보당보살。지상보살。적근보살。

信慧菩薩。願慧菩薩。香象菩薩。寶英菩薩。中住菩薩。制行菩
신혜보살。원혜보살。향상보살。보영보살。중주보살。제행보

薩。解脫菩薩。而為上首。咸共遵修普賢大士之德。具足無量
살。해탈보살。이위상수。함공준수보현대사지덕。구족무량

行願。安住一切功德法中。遊步十方。行權方便。入佛法藏。究
행원。안주일체공덕법중。유보시방。행권방편。입불법장。구

竟彼岸。願於無量世界成等正覺。捨兜率。降王宮。棄位出家。
경피안。원어무량세계성등정각。사도솔。강왕궁。기위출가。

苦行學道。作斯示現。順世間故。以定慧力。降伏魔怨。得微妙
고행학도。작사시현。순세간고。이정혜력。항복마원。득미묘

法。成最正覺。天人歸仰。請轉法輪。常以法音。覺諸世間。破
법。성최정각。천인귀앙。청전법륜。상이법음。각제세간。파

煩惱城。壞諸欲塹。洗濯垢污。顯明清白。調眾生。宣妙理。貯
번뇌성。괴제욕참。세탁구오。현명청백。조중생。선묘리。저

功德。示福田。以諸法藥。救療三苦。升灌頂階。授菩提記。為
공덕。시복전。이제법약。구료삼고。승관정계。수보리기。위

教菩薩。作阿闍黎。常習相應無邊諸行。成熟菩薩無邊善根。
교보살。작아도려。상습상응무변제행。성숙보살무변선근。

無量諸佛咸共護念。諸佛刹中。皆能示現。譬善幻師。現眾異
무량제불함공호념。제불찰중。개능시현。비선환사。현중이

相。於彼相中。實無可得。此諸菩薩。亦復如是。通諸法性。達
상。어피상중。실무가득。차제보살。역부여시。통제법성。달

眾生相。供養諸佛。開導群生。化現其身。猶如電光。裂魔見
중생상。공양제불。개도군생。화현기신。유여전광。렬마견

網。解諸纏縛。遠超聲聞辟支佛地。入空。無相。無願法門。善
망。해제전박。원초성문벽지불지。입공。무상。무원법문。선

立方便。顯示三乘。於此中下而現滅度。得無生無滅諸三摩
립방편。현시삼승。어차중하이현멸도。득무생무멸제삼마

地。及得一切陀羅尼門。隨時悟入華嚴三昧。具足總持百千三
지。급득일체다라니문。수시오입화엄삼매。구족총지백천삼

昧。住深禪定。悉睹無量諸佛。於一念頃。遍遊一切佛土。得佛
매。주심선정。실도무량제불。어일념경。편유일체불토。득불

辯才。住普賢行。善能分別眾生語言。開化顯示真實之際。超
변재。주보현행。선능분별중생어언。개화현시진실지제。초

過世間諸所有法。心常諦住度世之道。於一切萬物隨意自在。
과세간제소유법。심상체주도세지도。어일체만물수의자재。

為諸庶類作不請之友。受持如來甚深法藏。護佛種性常使不
위제서류작불청지우。수지여래심심법장。호불종성상사부

絕。興大悲。愍有情。演慈辯。授法眼。杜惡趣。開善門。於諸眾
절。흥대비。민유정。연자변。수법안。두악취。개선문。어제중

生。視若自己。拯濟負荷。皆度彼岸。悉獲諸佛無量功德。智慧
생。시약자기。증제부하。개도피안。실획제불무량공덕。지혜

聖明。不可思議。如是等諸大菩薩。無量無邊。一時來集。又有
성명。불가사의。여시등제대보살。무량무변。일시래집。우유

比丘尼五百人。清信士七千人。清信女五百人。欲界天。色界
비구니오백인。청신사칠천인。청신녀오백인。욕계천。색계

天諸天梵眾。悉共大會。
천제천범중。실공대회。

大教緣起第三
대교연기제삼

爾時世尊。威光赫奕。如融金聚。又如明鏡。影暢表裡。現大光
이시세존。위광혁혁。여융금취。우여명경。영창표리。현대광

明。數千百變。尊者阿難。即自思惟。今日世尊色身諸根。悅豫
명。수천백변。존자아난。즉자사유。금일세존색신제근。열예

清淨。光顏巍巍。寶刹莊嚴。從昔以來。所未曾見。喜得瞻仰。
청정。광안외외。보찰장엄。종석이래。소미증견。희득첨앙。

生希有心。即從座起。偏袒右肩。長跪合掌。而白佛言。世尊今
생희유심。즉종좌기。편단우견。장궤합장。이백불언。세존금

日入大寂定。住奇特法。住諸佛所住導師之行。最勝之道。去
일입대적정。주기특법。주제불소주도사지행。최승지도。거

來現在佛佛相念。為念過去未來諸佛耶。為念現在他方諸佛
래현재불불상념。위념과거미래제불야。위념현재타방제불

耶。何故威神顯耀。光瑞殊妙乃爾。願為宣說。於是世尊。告阿
야。하고위신현요。광서수묘내이。원위선설。어시세존。고아

難言。善哉善哉。汝為哀愍利樂諸眾生故。能問如是微妙之
난언。선재선재。여위애민리요제중생고。능문여시미묘지

義。汝今斯問。勝於供養一天下阿羅漢。辟支佛。布施累劫諸
의。여금사문。승어공양일천하아라한。벽지불。보시누겁제

天人民蜎飛蠕動之類。功德百千萬倍。何以故。當來諸天人民
천인민연비연동지류。공덕백천만배。하이고。당래제천인민

一切含靈。皆因汝問而得度脫故。阿難。如來以無盡大悲。矜
일체함령。개인여문이득도탈고。아난。여래이무진대비。긍

哀三界。所以出興於世。光闡道敎。欲拯群萌。惠以真實之利。
애삼계。소이출흥어세。광천도교。욕증군맹。혜이진실지리。

難値難見。如優曇花。希有出現。汝今所問。多所饒益。阿難當
난치난견。여우담화。희유출현。여금소문。다소요익。아난당

知。如來正覺。其智難量。無有障礙。能於念頃。住無量億劫。
지。여래정각。기지난량。무유장애。능어념경。주무량억겁。

身及諸根。無有增減。所以者何。如來定慧。究暢無極。於一切
신급제근。무유증감。소이자하。여래정혜。구창무극。어일체

法。而得最勝自在故。阿難諦聽。善思念之。吾當為汝。分別解
법。이득최승자재고。아난체청。선사념지。오당위여。분별해

說。
설

法藏因地第四
법장인지제사

佛告阿難。過去無量不可思議無央數劫。有佛出世。名世間自
불고아난。과거무량불가사의무앙수겁。유불출세。명세간자

在王如來。應供。等正覺。明行足。善逝。世間解。無上士。調御
재왕여래。응공。등정각。명행족。선서。세간해。무상사。조어

丈夫。天人師。佛世尊。在世教授四十二劫。時為諸天及世人
장부。천인사。불세존。재세교수사십이겁。시위제천급세인

民說經講道。有大國主名世饒王。聞佛說法。歡喜開解。尋發
민설경강도。유대국주명세요왕。문불설법。환희개해。심발

無上真正道意。棄國捐王。行作沙門。號曰法藏。修菩薩道。高
무상진정도의。기국연왕。행작사문。호왈법장。수보살도。고

才勇哲。與世超異。信解明記。悉皆第一。又有殊勝行願。及念
재용철。여세초이。신해명기。실개제일。우유수승행원。급념

慧力。增上其心。堅固不動。修行精進。無能踰者。往詣佛所。
혜력。증상기심。견고부동。수행정진。무능유자。왕예불소。

頂禮長跪。向佛合掌。即以伽他讚佛。發廣大願。
정례장궤。향불합장。즉이가타찬불。발광대원。

頌曰。
송왈

如來微妙色端嚴　一切世間無有等
여래미묘색단엄　일체세간무유등

光明無量照十方　日月火珠皆匿曜
광명무량조시방　일월화주개익요

世尊能演一音聲　有情各各隨類解
세존능연일음성　유정각각수류해

又能現一妙色身　普使衆生隨類見
우능현일묘색신　보사중생수류견

願我得佛清淨聲　法音普及無邊界
원아득불청정성　법음보급무변계

宣揚戒定精進門　通達甚深微妙法
선양계정정진문　통달심심미묘법

智慧廣大深如海　內心清淨絕塵勞
지혜광대심여해　내심청정절진로

超過無邊惡趣門　速到菩提究竟岸
초과무변악취문　속도보리구경안

無明貪瞋皆永無　惑盡過亡三昧力
무명탐진개영무　혹진과망삼매력

亦如過去無量佛　爲彼群生大導師
역여과거무량불　위피군생대도사

能救一切諸世間　生老病死衆苦惱
능구일체제세간　생로병사중고뇌

常行布施及戒忍　精進定慧六波羅
상행보시급계인　정진정혜육바라

未度有情令得度　已度之者使成佛
미도유정영득도　이도지자사성불

假令供養恆沙聖　不如堅勇求正覺
가령공양긍사성　불여견용구정각

願當安住三摩地　恆放光明照一切
원당안주삼마지　항방광명조일체

感得廣大淸淨居　殊勝莊嚴無等倫
감득광대청정거　수승장엄무등륜

輪迴諸趣衆生類　速生我刹受安樂
윤회제취중생류　속생아찰수안락

常運慈心拔有情　度盡無邊苦衆生
상운자심발유정　도진무변고중생

我行決定堅固力　唯佛聖智能證知
아행결정견고력　유불성지능증지

縱使身止諸苦中　如是願心永不退
종사신지제고중　여시원심영불퇴

至心精進第五
지심정진제오

法藏比丘說此偈已。而白佛言。我今為菩薩道。已發無上正覺
법장비구설차게이。이백불언。아금위보살도。이발무상정각

之心。取願作佛。悉令如佛。願佛為我廣宣經法。我當奉持。如
지심。취원작불。실영여불。원불위아광선경법。아당봉지。여

法修行。拔諸勤苦生死根本。速成無上正等正覺。欲令我作佛
법수행。발제근고생사근본。속성무상정등정각。욕령아작불

時。智慧光明。所居國土。教授名字。皆聞十方。諸天人民及蜎
시。지혜광명。소거국토。교수명자。개문시방。제천인민급연

蠕類。來生我國。悉作菩薩。我立是願。都勝無數諸佛國者。寧
연류。내생아국。실작보살。아립시원。도승무수제불국자。영

可得否。世間自在王佛。即為法藏而說經言。譬如大海一人斗
가득부。세간자재왕불。즉위법장이설경언。비여대해일인두

量。經歷劫數尙可窮底。人有至心求道。精進不止。會當剋果。
량。경력겁수상가궁저。인유지심구도。정진부지。회당극과。

何願不得。汝自思惟。修何方便。而能成就佛剎莊嚴。如所修
하원부득。여자사유。수하방편。이능성취불찰장엄。여소수

行。汝自當知。清淨佛國。汝應自攝。法藏白言。斯義宏深。非
행。여자당지。청정불국。여응자섭。법장백언。사의굉심。비

我境界。惟願如來應正遍知。廣演諸佛無量妙剎。若我得聞。
아경계。유원여래응정변지。광연제불무량묘찰。약아득문。

如是等法。思惟修習。誓滿所願。世間自在王佛知其高明。志
여시등법。사유수습。서만소원。세간자재왕불지기고명。지

願深廣。即為宣說二百一十億諸佛剎土。功德嚴淨。廣大圓
원심광。즉위선설이백일십억제불찰토。공덕엄정。광대원

滿之相。應其心願悉現與之。說是法時。經千億歲。爾時法藏
만지상。응기심원실현여지。설시법시。경천억세。이시법장

聞佛所說。皆悉睹見。起發無上殊勝之願。於彼天人善惡。國
문불소설。개실도견。기발무상수승지원。어피천인선악。국

土麤妙。思惟究竟。便一其心。選擇所欲。結得大願。精勤求
토추묘。사유구경。변일기심。선택소욕。결득대원。정근구

索。恭愼保持。修習功德滿足五劫。於彼二十一俱胝佛土。功
색。공신보지。수습공덕만족오겁。어피이십일구지불토。공

德莊嚴之事。明了通達。如一佛刹。所攝佛國。超過於彼。既攝
덕장엄지사。명료통달。여일불찰。소섭불국。초과어피。기섭

受已。復詣世自在王如來所。稽首禮足。繞佛三匝。合掌而住。
수이。부예세자재왕여래소。계수례족。요불삼잡。합장이주。

白言世尊。我已成就莊嚴佛土。淸淨之行。佛言善哉。今正是
백언세존。아이성취장엄불토。청정지행。불언선재。금정시

時。汝應具說。令衆歡喜。亦令大衆。聞是法已。得大善利。能
시。여응구설。영중환희。역령대중。문시법이。득대선리。능

於佛刹。修習攝受。滿足無量大願。
어불찰。수습섭수。만족무량대원。

發大誓願第六
발대서원제육

法藏白言。唯願世尊。大慈聽察。我若證得無上菩提。成正覺
법장백언。유원세존。대자청찰。아약증득무상보리。성정각

已。所居佛刹。具足無量不可思議。功德莊嚴。無有地獄。餓
이。소거불찰。구족무량불가사의。공덕장엄。무유지옥。아

鬼。禽獸。蜎飛蠕動之類。所有一切眾生。以及焰摩羅界。三惡
귀。금수。연비연동지류。소유일체중생。이급염마라계。삼악

道中。來生我剎。受我法化。悉成阿耨多羅三藐三菩提。不復
도중。내생아찰。수아법화。실성아누다라삼막삼보제。불부

更墮惡趣。得是願。乃作佛。不得是願。不取無上正覺。
갱타악취。득시원。내작불。부득시원。불취무상정각。

一、國無惡道願。二、不墮惡趣願。
일、국무악도원。이、불타악취원。

我作佛時。十方世界。所有眾生。令生我剎。皆具紫磨真金色
아작불시。십방세계。소유중생。영생아찰。개구자마진금색

身。三十二種大丈夫相。端正淨潔。悉同一類。若形貌差別。有
신。삼십이종대장부상。단정정결。실동일류。약형모차별。유

好醜者。不取正覺。
호추자。불취정각。

三、身悉金色願。四、三十二相願。五、身無差別願。
삼、신실금색원。사、삼십이상원。오、신무차별원。

我作佛時。所有眾生。生我國者。自知無量劫時宿命。所作善
아작불시。소유중생。생아국자。자지무량겁시숙명。소작선

惡。皆能洞視徹聽。知十方去來現在之事。不得是願。不取正
악。개능통시철청。지시방거래현재지사。부득시원。불취정

覺。
각。

六、宿命通願。七、天眼通願。八、天耳通願。
육、숙명통원。칠、천안통원。팔、천이통원。

我作佛時。所有眾生。生我國者。皆得他心智通。若不悉知億
아작불시。소유중생。생아국자。개득타심지통。약불실지억

那由他百千佛刹。眾生心念者。不取正覺。
나유타백천불찰。중생심념자。불취정각。

九、他心通願。
구、타심통원。

我作佛時。所有眾生。生我國者。皆得神通自在。波羅密多。於
아작불시。소유중생。생아국자。개득신통자재。파라밀다。어

一念頃。不能超過億那由他百千佛刹。周遍巡歷。供養諸佛
일념경。불능초과억나유타백천불찰。주편순력。공양제불

者。不取正覺。
자。불취정각。

十、神足通願。十一、遍供諸佛願。
십、신족통원。십일、편공제불원。

我作佛時。所有眾生。生我國者。遠離分別。諸根寂靜。若不決
아작불시。소유중생。생아국자。원리분별。제근적정。약불결

定成等正覺。證大涅槃者。不取正覺。
정성등정각。증대열반자。불취정각。

十二、定成正覺願。
십이、정성정각원。

我作佛時。光明無量。普照十方。絕勝諸佛。勝於日月之明。千
아작불시。광명무량。보조시방。절승제불。승어일월지명。천

萬億倍。若有眾生。見我光明。照觸其身。莫不安樂。慈心作
만억배。약유중생。견아광명。조촉기신。막불안락。자심작

善。來生我國。若不爾者。不取正覺。
선。내생아국。약불이자。불취정각。

十三、光明無量願。十四、觸光安樂願。
십삼、광명무량원。십사、촉광안락원。

我作佛時。壽命無量。國中聲聞天人無數。壽命亦皆無量。假
아작불시。수명무량。국중성문천인무수。수명역개무량。가

令三千大千世界眾生。悉成緣覺。於百千劫。悉共計校。若能
령삼천대천세계중생。실성연각。어백천겁。실공계교。약능

知其量數者。不取正覺。
지기량수자。불취정각。

十五、壽命無量願。十六、聲聞無數願。
십오、수명무량원。십육、성문무수원。

我作佛時。十方世界無量剎中。無數諸佛。若不共稱歎我名。
아작불시。십방세계무량찰중。무수제불。약불공칭탄아명。

說我功德國土之善者。不取正覺。
설아공덕국토지선자。불취정각。

十七、諸佛稱歎願。
십칠、제불칭탄원。

我作佛時。十方眾生。聞我名號。至心信樂。所有善根。心心回
아작불시。시방중생。문아명호。지심신요。소유선근。심심회

向。願生我國。乃至十念。若不生者。不取正覺。唯除五逆。誹
향。원생아국。내지십념。약불생자。불취정각。유제오역。비

謗正法。
방정법。

十八、十念必生願。
십팔、십념필생원。

我作佛時。十方衆生。聞我名號。發菩提心。修諸功德。奉行六
아작불시。십방중생。문아명호。발보리심。수제공덕。봉행육

波羅蜜。堅固不退。復以善根迴向。願生我國。一心念我。晝夜
바라밀。견고불퇴。부이선근회향。원생아국。일심념아。주야

不斷。臨壽終時。我與諸菩薩衆迎現其前。經須臾間。即生我
부단。임수종시。아여제보살중영현기전。경수유간。즉생아

刹。作阿惟越致菩薩。不得是願。不取正覺。
찰。작아유월치보살。부득시원。불취정각。

十九、聞名發心願。二十、臨終接引願。
십구、문명발심원。이십、임종접인원。

我作佛時。十方衆生。聞我名號。繫念我國。發菩提心。堅固不
아작불시。시방중생。문아명호。계념아국。발보리심。견고불

退。植衆德本。至心迴向。欲生極樂。無不遂者。若有宿惡。聞
퇴。식중덕본。지심회향。욕생극락。무불수자。약유숙악。문

我名字。即自悔過。爲道作善。便持經戒。願生我刹。命終不
아명자。즉자회과。위도작선。변지경계。원생아찰。명종불

復更三惡道。即生我國。若不爾者。不取正覺。
부갱삼악도。즉생아국。약불이자。불취정각。

二十一、悔過得生願。
이십일、회과득생원。

我作佛時。國無婦女。若有女人。聞我名字。得淸淨信。發菩提
아작불시。국무부녀。약유여인。문아명자。득청정신。발보리

心。厭患女身。願生我國。命終即化男子。來我刹土。十方世界
심。염환여신。원생아국。명종즉화남자。내아찰토。시방세계

諸眾生類。生我國者。皆於七寶池蓮華中化生。若不爾者。不
제중생류。생아국자。개어칠보지연화중화생。약불이자。불

取正覺。
취정각。

二十二、國無女人願。二十三、厭女轉男願。二十四、蓮華化生願。
이십이、국무여인원。이십삼、염여전남원。이십사、연화화생원。

我作佛時。十方眾生。聞我名字。歡喜信樂。禮拜歸命。以清淨
아작불시。시방중생。문아명자。환희신요。예배귀명。이청정

心。修菩薩行。諸天世人。莫不致敬。若聞我名。壽終之後。生
심。수보살행。제천세인。막불치경。약문아명。수종지후。생

尊貴家。諸根無缺。常修殊勝梵行。若不爾者。不取正覺。
존귀가。제근무결。상수수승범행。약불이자。불취정각。

二十五、天人禮敬願。二十六、聞名得福願。二十七、修殊勝行願。
이십오、천인예경원。이십육、문명득복원。이십칠、수수승행원。

我作佛時。國中無不善名。所有眾生。生我國者。皆同一心。住
아작불시。국중무불선명。소유중생。생아국자。개동일심。주

於定聚。永離熱惱。心得清涼。所受快樂。猶如漏盡比丘。若起
어정취。영리열뇌。심득청량。소수쾌락。유여누진비구。약기

想念。貪計身者。不取正覺。
상념。탐계신자。불취정각。

二十八、國無不善願。二十九、住正定聚願。三十、樂如漏盡願。
이십팔、국무불선원。이십구、주정정취원。삼십、낙여누진원。

三十一、**不貪計身願**。
삼십일、**불탐계신원**。

我作佛時。生我國者。善根無量。皆得金剛那羅延身。堅固之
아작불시。생아국자。선근무량。개득금강나라연신。견고지

力。身頂皆有光明照耀。成就一切智慧。獲得無邊辯才。善談
력。신정개유광명조요。성취일체지혜。획득무변변재。선담

諸法祕要。說經行道。語如鐘聲。若不爾者。不取正覺。
제법비요。설경행도。어여종성。약불이자。불취정각。

三十二、**那羅延身願**。三十三、**光明慧辯願**。三十四、**善談法要願**。
삼십이、**나라연신원**。삼십삼、**광명혜변원**。삼십사、**선담법요원**。

我作佛時。所有衆生。生我國者。究竟必至一生補處。除其本
아작불시。소유중생。생아국자。구경필지일생보처。제기본

願。為衆生故。被弘誓鎧。教化一切有情。皆發信心。修菩提
원。위중생고。피홍서개。교화일체유정。개발신심。수보리

行。行普賢道。雖生他方世界。永離惡趣。或樂說法。或樂聽
행。행보현도。수생타방세계。영리악취。혹요설법。혹요청

法。或現神足。隨意修習。無不圓滿。若不爾者。不取正覺。
법。혹현신족。수의수습。무불원만。약불이자。불취정각。

三十五、**一生補處願**。三十六、**教化隨意願**。
삼십오、**일생보처원**。삼십육、**교화수의원**。

我作佛時。生我國者。所須飲食。衣服。種種供具。隨意即至。
아작불시。생아국자。소수음식。의복。종종공구。수의즉지。

無不滿願。十方諸佛。應念受其供養。若不爾者。不取正覺。
무불만원。시방제불。응념수기공양。약불이자。불취정각。

三十七、衣食自至願。三十八、應念受供願。
삼십칠、의식자지원。삼십팔、응념수공원。

我作佛時。國中萬物。嚴淨。光麗。形色殊特。窮微極妙。無能
아작불시。국중만물。엄정。광려。형색수특。궁미극묘。무능

稱量。其諸衆生。雖具天眼。有能辨其形色。光相。名數。及總
칭량。기제중생。수구천안。유능변기형색。광상。명수。급총

宣說者。不取正覺。
선설자。불취정각。

三十九、莊嚴無盡願。
삼십구、장엄무진원。

我作佛時。國中無量色樹。高或百千由旬。道場樹高。四百萬
아작불시。국중무량색수。고혹백천유순。도량수고。사백만

里。諸菩薩中。雖有善根劣者。亦能了知。欲見諸佛淨國莊嚴。
리。제보살중。수유선근열자。역능요지。욕견제불정국장엄。

悉於寶樹間見。猶如明鏡。睹其面像。若不爾者。不取正覺。
실어보수간견。유여명경。도기면상。약불이자。불취정각。

四十、無量色樹願。四十一、樹現佛刹願。
사십、무량색수원。사십일、수현불찰원。

我作佛時。所居佛刹。廣博嚴淨。光瑩如鏡。徹照十方無量無
아작불시。소거불찰。광박엄정。광형여경。철조시방무량무

數。不可思議諸佛世界。衆生睹者。生希有心。若不爾者。不取
수。불가사의제불세계。중생도자。생희유심。약불이자。불취

正覺。
정각。

四十二、徹照十方願。
사십이、철조십방원。

我作佛時。下從地際。上至虛空。宮殿樓觀。池流華樹。國土所
아작불시。하종지제。상지허공。궁전누관。지류화수。국토소

有一切萬物。皆以無量寶香合成。其香普熏十方世界。眾生聞
유일체만물。개이무량보향합성。기향보훈시방세계。중생문

者。皆修佛行。若不爾者。不取正覺。
자。개수불행。약불이자。불취정각。

四十三、寶香普熏願。
사십삼、보향보훈원。

我作佛時。十方佛剎諸菩薩眾。聞我名已。皆悉逮得清淨。解
아작불시。시방불찰제보살중。문아명이。개실체득청정。해

脫。普等三昧。諸深總持。住三摩地。至於成佛。定中常供無量
탈。보등삼매。제심총지。주삼마지。지어성불。정중상공무량

無邊一切諸佛。不失定意。若不爾者。不取正覺。
무변일체제불。부실정의。약불이자。불취정각。

四十四、普等三昧願。四十五、定中供佛願。
사십사、보등삼매원。사십오、정중공불원。

我作佛時。他方世界諸菩薩眾。聞我名者。證離生法。獲陀羅
아작불시。타방세계제보살중。문아명자。증리생법。획다라

尼。清淨歡喜。得平等住。修菩薩行。具足德本。應時不獲一二
니。청정환희。득평등주。수보살행。구족덕본。응시불획일이

三忍。於諸佛法。不能現證不退轉者。不取正覺。
삼인。어제불법。불능현증불퇴전자。불취정각。

四十六、獲陀羅尼願。四十七、聞名得忍願。四十八、現證不退願。
사십육、획다라니원。사십칠、문명득인원。사십팔、현증불퇴원。

必成正覺第七
필성정각제칠

佛告阿難。爾時法藏比丘說此願已。以偈頌曰
불고아난。이시법장비구설차원이。이게송왈

我建超世志　必至無上道
아건초세지　필지무상도

斯願不滿足　誓不成等覺
사원불만족　서불성등각

復為大施主　普濟諸窮苦
부위대시주　보제제궁고

令彼諸群生　長夜無憂惱
영피제군생　장야무우뇌

出生眾善根　成就菩提果
출생중선근　성취보리과

我若成正覺　立名無量壽
아약성정각　입명무량수

眾生聞此號　俱來我剎中
중생문차호　구래아찰중

如佛金色身　妙相悉圓滿
여불금색신　묘상실원만

亦以大悲心　利益諸群品
역이대비심　이익제군품

離欲深正念　淨慧修梵行
이욕심정념　정혜수범행

願我智慧光　普照十方刹
원아지혜광　보조시방찰

消除三垢冥　明濟眾厄難
소제삼구명　명제중액난

悉捨三途苦　滅諸煩惱暗
실사삼도고　멸제번뇌암

開彼智慧眼　獲得光明身
개피지혜안　획득광명신

閉塞諸惡道　通達善趣門
폐색제악도　통달선취문

為眾開法藏　廣施功德寶
위중개법장　광시공덕보

如佛無礙智　所行慈愍行
여불무애지　소행자민행

常作天人師　得為三界雄
상작천인사　득위삼계웅

說法師子吼　廣度諸有情
설법사자후　광도제유정

圓滿昔所願　一切皆成佛
원만석소원　일체개성불

斯願若剋果　大千應感動
사원약극과　대천응감동

虛空諸天神　當雨珍妙華
허공제천신　당우진묘화

佛告阿難。法藏比丘。說此頌已。應時普地六種震動。天雨妙
불고아난。법장비구。설차송이。응시보지육종진동。천우묘

華。以散其上。自然音樂空中讚言。決定必成無上正覺。
화。이산기상。자연음악공중찬언。결정필성무상정각。

積功累德第八
적공누덕제팔

阿難。法藏比丘於世自在王如來前。及諸天人大眾之中。發斯
아난。법장비구어세자재왕여래전。급제천인대중지중。발사

弘誓願已。住眞實慧。勇猛精進。一向專志莊嚴妙土。所修佛
홍서원이。주진실혜。용맹정진。일향전지장엄묘토。소수불

國。開廓廣大。超勝獨妙。建立常然。無衰無變。於無量劫。積
국。개확광대。초승독묘。건립상연。무쇠무변。어무량겁。적

植德行。不起貪瞋癡欲諸想。不著色聲香味觸法。但樂憶念過
식덕행。불기탐진치욕제상。불착색성향미촉법。단요억념과

去諸佛。所修善根。行寂靜行。遠離虛妄。依眞諦門。植眾德
거제불。소수선근。행적정행。원리허망。의진제문。식중덕

本。不計眾苦。少欲知足。專求白法。惠利群生。志願無倦。忍
본。불계중고。소욕지족。전구백법。혜리군생。지원무권。인

力成就。於諸有情。常懷慈忍。和顏愛語。勸諭策進。恭敬三
력성취。어제유정。상회자인。화안애어。권유책진。공경삼

寶。奉事師長。無有虛僞諂曲之心。莊嚴眾行。軌範具足。觀法
보。봉사사장。무유허위첨곡지심。장엄중행。궤범구족。관법

如化。三昧常寂。善護口業。不譏他過。善護身業。不失律儀。
여화。삼매상적。선호구업。불기타과。선호신업。부실율의。

善護意業。清淨無染。所有國城。聚落。眷屬。珍寶。都無所著。
선호의업。청정무염。소유국성。취락。권속。진보。도무소착。

恆以布施。持戒。忍辱。精進。禪定。智慧。六度之行。教化安立
항이보시。지계。인욕。정진。선정。지혜。육도지행。교화안립

眾生。住於無上真正之道。由成如是諸善根故。所生之處。無
중생。주어무상진정지도。유성여시제선근고。소생지처。무

量寶藏。自然發應。或為長者。居士。豪姓尊貴。或為剎利國
량보장。자연발응。혹위장자。거사。호성존귀。혹위찰리국

王。轉輪聖帝。或為六欲天主。乃至梵王。於諸佛所。尊重供
왕。전륜성제。혹위육욕천주。내지범왕。어제불소。존중공

養。未曾間斷。如是功德說不能盡。身口常出無量妙香。猶如
양。미증간단。여시공덕설불능진。신구상출무량묘향。유여

栴檀。優缽羅華。其香普熏無量世界。隨所生處。色相端嚴。三
전단。우발라화。기향보훈무량세계。수소생처。색상단엄。삼

十二相。八十種好。悉皆具足。手中常出無盡之寶。莊嚴之具。
십이상。팔십종호。실개구족。수중상출무진지보。장엄지구。

一切所須。最上之物。利樂有情。由是因緣。能令無量眾生。皆
일체소수。최상지물。이요유정。유시인연。능령무량중생。개

發阿耨多羅三藐三菩提心。
발아뇩다라삼막삼보리심。

圓滿成就第九
원만성취제구

佛告阿難。法藏比丘。修菩薩行。積功累德。無量無邊。於一切
불고아난。법장비구。수보살행。적공누덕。무량무변。어일체

法。而得自在。非是語言分別之所能知。所發誓願圓滿成就。
법。이득자재。비시어언분별지소능지。소발서원원만성취。

如實安住。具足莊嚴。威德廣大。清淨佛土。阿難聞佛所說。白
여실안주。구족장엄。위덕광대。청정불토。아난문불소설。백

世尊言。法藏菩薩成菩提者。為是過去佛耶。未來佛耶。為今
세존언。법장보살성보리자。위시과거불야。미래불야。위금

現在他方世界耶。世尊告言。彼佛如來。來無所來。去無所去。
현재타방세계야。세존고언。피불여내。내무소래。거무소거。

無生無滅。非過現未來。但以酬願度生。現在西方。去閻浮提
무생무멸。비과현미래。단이수원도생。현재서방。거염부제

百千俱胝那由他佛剎。有世界名曰極樂。法藏成佛號阿彌陀。
백천구지나유타불찰。유세계명왈극락。법장성불호아미타。

成佛以來。於今十劫。今現在說法。有無量無數菩薩。聲聞之
성불이래。어금십겁。금현재설법。유무량무수보살。성문지

眾。恭敬圍繞。
중。공경위요。

皆願作佛第十
개원작불제십

佛說阿彌陀佛為菩薩求得是願時。阿闍王子。與五百大長者。
불설아미타불위보살구득시원시。아도왕자。여오백대장자。

聞之皆大歡喜。各持一金華蓋。俱到佛前作禮。以華蓋上佛
문지개대환희。각지일금화개。구도불전작례。이화개상불

已。卻坐一面聽經。心中願言。令我等作佛時。皆如阿彌陀佛。
이。각좌일면청경。심중원언。영아등작불시。개여아미타불。

佛即知之。告諸比丘。是王子等。後當作佛。彼於前世住菩薩
불즉지지。고제비구。시왕자등。후당작불。피어전세주보살

道。無數劫來。供養四百億佛。迦葉佛時。彼等為我弟子。今供
도。무수겁래。공양사백억불。가섭불시。피등위아제자。금공

養我。復相值也。時諸比丘聞佛言者。莫不代之歡喜。
양아。부상치야。시제비구문불언자。막불대지환희。

國界嚴淨第十一
국계엄정제십일

佛語阿難。彼極樂界。無量功德。具足莊嚴。永無眾苦。諸難。
불어아난。피극락계。무량공덕。구족장엄。영무중고。제난。

惡趣。魔惱之名。亦無四時。寒暑。雨冥之異。復無大小江海。
악취。마뇌지명。역무사시。한서。우명지이。부무대소강해。

丘陵坑坎。荊棘沙礫。鐵圍。須彌。土石等山。惟以自然七寶。
구릉갱감。형극사력。철위。수미。토석등산。유이자연칠보。

黃金為地。寬廣平正。不可限極。微妙奇麗。清淨莊嚴。超逾十
황금위지。관광평정。불가한극。미묘기려。청정장엄。초유시

方一切世界。阿難聞已。白世尊言。若彼國土無須彌山。其四
방일체세계。아난문이。백세존언。약피국토무수미산。기사

天王天。及忉利天依何而住。佛告阿難。夜摩。兜率乃至色無
천왕천。급도리천의하이주。불고아난。야마。도솔내지색무

色界。一切諸天。依何而住。阿難白言。不可思議業力所致。佛
색계。일체제천。의하이주。아난백언。불가사의업력소치。불

語阿難。不思議業。汝可知耶。汝身果報。不可思議。眾生業報
어아난。부사의업。여가지야。여신과보。불가사의。중생업보

亦不可思議。眾生善根不可思議。諸佛聖力。諸佛世界亦不可
역불가사의。중생선근불가사의。제불성력。제불세계역불가

思議。其國眾生。功德善力。住行業地。及佛神力。故能爾耳。
사의。기국중생。공덕선력。주행업지。급불신력。고능이이。

阿難白言。業因果報。不可思議。我於此法。實無所惑。但為將
아난백언。업인과보。불가사의。아어차법。실무소혹。단위장

來眾生破除疑網。故發斯問。
래중생파제의망。고발사문。

光明遍照第十二
광명편조제십이

佛告阿難。阿彌陀佛威神光明。最尊第一。十方諸佛。所不能
불고아난。아미타불위신광명。최존제일。십방제불。소불능

及。遍照東方恆沙佛剎。南西北方。四維上下。亦復如是。若化
급。편조동방긍사불찰。남서북방。사유상하。역부여시。약화

頂上圓光。或一二三四由旬。或百千萬億由旬。諸佛光明。或
정상원광。혹일이삼사유순。혹백천만억유순。제불광명。혹

照一二佛剎。或照百千佛剎。唯阿彌陀佛。光明普照無量無邊
조일이불찰。혹조백천불찰。유아미타불。광명보조무량무변

無數佛剎。諸佛光明所照遠近。本其前世求道所願功德大小
무수불찰。제불광명소조원근。본기전세구도소원공덕대소

不同。至作佛時。各自得之。自在所作不為預計。阿彌陀佛光
부동。지작불시。각자득지。자재소작불위예계。아미타불광

明善好。勝於日月之明。千億萬倍。光中極尊。佛中之王。是故
명선호。승어일월지명。천억만배。광중극존。불중지왕。시고

無量壽佛。亦號無量光佛。亦號無邊光佛。無礙光佛。無等光
무량수불。역호무량광불。역호무변광불。무애광불。무등광

佛。亦號智慧光。常照光。清淨光。歡喜光。解脫光。安穩光。超
불。역호지혜광。상조광。청정광。환희광。해탈광。안온광。초

日月光。不思議光。如是光明。普照十方一切世界。其有衆生。
일월광。부사의광。여시광명。보조시방일체세계。기유중생。

遇斯光者。垢滅善生。身意柔軟。若在三途極苦之處。見此光
우사광자。구멸선생。신의유연。약재삼도극고지처。견차광

明皆得休息。命終皆得解脫。若有衆生聞其光明威神功德。日
명개득휴식。명종개득해탈。약유중생문기광명위신공덕。일

夜稱說。至心不斷。隨意所願。得生其國。
야칭설。지심부단。수의소원。득생기국。

壽衆無量第十三
수중무량제십삼

佛語阿難。無量壽佛。壽命長久。不可稱計。又有無數聲聞之
불어아난。무량수불。수명장구。불가칭계。우유무수성문지

衆。神智洞達。威力自在。能於掌中持一切世界。我弟子中大
중。신지통달。위력자재。능어장중지일체세계。아제자중대

目犍連。神通第一。三千大千世界。所有一切星宿衆生。於一
목건련。신통제일。삼천대천세계。소유일체성수중생。어일

晝夜。悉知其數。假使十方衆生。悉成緣覺。一一緣覺。壽萬億
주야。실지기수。가사시방중생。실성연각。일일연각。수만억

歲。神通皆如大目犍連。盡其壽命。竭其智力。悉共推算。彼佛
세。신통개여대목건련。진기수명。갈기지력。실공추산。피불

會中聲聞之數。千萬分中不及一分。譬如大海。深廣無邊。設
회중성문지수。천만분중불급일분。비여대해。심광무변。설

取一毛。析為百分。碎如微塵。以一毛塵。沾海一滴。此毛塵
취일모。석위백분。쇄여미진。이일모진。첨해일적。차모진

水。比海孰多。阿難。彼目犍連等所知數者。如毛塵水。所未知
수。비해숙다。아난。피목건련등소지수자。여모진수。소미지

者。如大海水。彼佛壽量。及諸菩薩。聲聞。天人壽量亦爾。非
자。여대해수。피불수량。급제보살。성문。천인수량역이。비

以算計譬喻之所能知。
이산계비유지소능지。

寶樹遍國第十四
보수편국제십사

彼如來國。多諸寶樹。或純金樹。純白銀樹。琉璃樹。水晶樹。
피여래국。다제보수。혹순금수。순백은수。유리수。수정수。

琥珀樹。美玉樹。瑪瑙樹。唯一寶成。不雜餘寶。或有二寶三
호박수。미옥수。마노수。유일보성。부잡여보。혹유이보삼

寶。乃至七寶。轉共合成。根莖枝幹。此寶所成。華葉果實。他
보。내지칠보。전공합성。근경지간。차보소성。화엽과실。타

寶化作。或有寶樹。黃金為根。白銀為身。琉璃為枝。水晶為
보화작。혹유보수。황금위근。백은위신。유리위지。수정위

梢。琥珀為葉。美玉為華。瑪瑙為果。其餘諸樹。復有七寶。互
초。호박위엽。미옥위화。마노위과。기여제수。부유칠보。호

為根幹枝葉華果。種種共成。各自異行。行行相値。莖莖相望。
위근간지엽화과。종종공성。각자이행。항항상치。경경상망。

枝葉相向。華實相當。榮色光曜。不可勝視。清風時發。出五音
지엽상향。화실상당。영색광요。불가승시。청풍시발。출오음

聲。微妙宮商。自然相和。是諸寶樹。周遍其國。
성。미묘궁상。자연상화。시제보수。주편기국。

菩提道場第十五
보리도량제십오

又其道場。有菩提樹。高四百萬里。其本周圍五千由旬。枝葉
우기도량。유보제수。고사백만리。기본주위오천유순。지엽

四布二十萬里。一切衆寶自然合成。華果敷榮。光暉遍照。復
사포이십만리。일체중보자연합성。화과부영。광휘편조。부

有紅綠青白諸摩尼寶。衆寶之王以爲瓔珞。雲聚寶鎖。飾諸
유홍록청백제마니보。중보지왕이위영락。운취보쇄。식제

寶柱。金珠鈴鐸。周匝條間。珍妙寶網。羅覆其上。百千萬色。
보주。금주영탁。주잡조간。진묘보망。나복기상。백천만색。

互相映飾。無量光炎。照耀無極。一切莊嚴。隨應而現。微風徐
호상영식。무량광염。조요무극。일체장엄。수응이현。미풍서

動。吹諸枝葉。演出無量妙法音聲。其聲流布。遍諸佛國。清暢
동。취제지엽。연출무량묘법음성。기성유포。편제불국。청창

哀亮。微妙和雅。十方世界音聲之中。最爲第一。若有衆生。睹
애량。미묘화아。시방세계음성지중。최위제일。약유중생。도

菩提樹。聞聲。嗅香。嘗其果味。觸其光影。念樹功德。皆得六
보리수。문성。후향。상기과미。촉기광영。염수공덕。개득육

根清徹。無諸惱患。住不退轉。至成佛道。復由見彼樹故。獲三
근청철。무제뇌환。주불퇴전。지성불도。부유견피수고。획삼

種忍。一音響忍。二柔順忍。三者無生法忍。佛告阿難。如是佛
종인。일음향인。이유순인。삼자무생법인。불고아난。여시불

刹。華果樹木。與諸眾生。而作佛事。此皆無量壽佛。威神力
찰。화과수목。여제중생。이작불사。차개무량수불。위신력

故。本願力故。滿足願故。明了。堅固。究竟願故。
고。본원력고。만족원고。명료。견고。구경원고。

堂舍樓觀第十六
당사누관제십육

又無量壽佛講堂精舍。樓觀欄楯。亦皆七寶自然化成。復有白
우무량수불강당정사。누관난순。역개칠보자연화성。부유백

珠摩尼以為交絡。明妙無比。諸菩薩眾。所居宮殿。亦復如是。
주마니이위교락。명묘무비。제보살중。소거궁전。역부여시。

中有在地講經。誦經者。有在地受經。聽經者。有在地經行者。
중유재지강경。송경자。유재지수경。청경자。유재지경행자。

思道及坐禪者。有在虛空講誦受聽者。經行。思道及坐禪者。
사도급좌선자。유재허공강송수청자。경행。사도급좌선자。

或得須陀洹。或得斯陀含。或得阿那含。阿羅漢。未得阿惟越
혹득수다원。혹득사다함。혹득아나함。아라한。미득아유월

致者。則得阿惟越致。各自念道。說道。行道。莫不歡喜。
치자。칙득아유월치。각자염도。설도。행도。막불환희。

泉池功德第十七
천지공덕제십칠

又其講堂左右。泉池交流。縱廣深淺。皆各一等。或十由旬。二
우기강당좌우。천지교류。종광심천。개각일등。혹십유순。이

十由旬乃至百千由旬。湛然香潔。具八功德。岸邊無數栴檀香
십유순내지백천유순。담연향결。구팔공덕。안변무수전단향

樹。吉祥果樹。華果恆芳。光明照耀。修條密葉。交覆於池。出
수。길상과수。화과항방。광명조요。수조밀엽。교복어지。출

種種香。世無能喩。隨風散馥。沿水流芬。又復池飾七寶。地布
종종향。세무능유。수풍산복。연수류분。우부지식칠보。지포

金沙。優鉢羅華。鉢曇摩華。拘牟頭華。芬陀利華。雜色光茂。
금사。우발라화。발담마화。구모두화。분타리화。잡색광무。

彌覆水上。若彼眾生。過浴此水。欲至足者。欲至膝者。欲至腰
미복수상。약피중생。과욕차수。욕지족자。욕지슬자。욕지요

腋。欲至頸者。或欲灌身。或欲冷者。溫者。急流者。緩流者。其
액。욕지경자。혹욕관신。혹욕냉자。온자。급류자。완류자。기

水一一隨眾生意。開神悅體。淨若無形。寶沙映澈。無深不照。
수일일수중생의。개신열체。정약무형。보사영철。무심부조。

微瀾徐迴。轉相灌注。波揚無量微妙音聲。或聞佛法僧聲。波
미란서회。전상관주。파양무량미묘음성。혹문불법승성。바

羅蜜聲。止息寂靜聲。無生無滅聲。十力無畏聲。或聞無性無
라밀성。지식적정성。무생무멸성。십력무외성。혹문무성무

作無我聲。大慈大悲喜捨聲。甘露灌頂受位聲。得聞如是種種
작무아성。대자대비희사성。감로관정수위성。득문여시종종

聲已。其心淸淨。無諸分別。正直平等。成熟善根。隨其所聞。
성이。기심청정。무제분별。정직평등。성숙선근。수기소문。

與法相應。其願聞者。輒獨聞之。所不欲聞。了無所聞。永不退
여법상응。기원문자。첩독문지。소불욕문。요무소문。영불퇴

於阿耨多羅三藐三菩提心。十方世界諸往生者。皆於七寶池
어아뇩다라삼막삼보리심。시방세계제왕생자。개어칠보지

蓮華中。自然化生。悉受淸虛之身。無極之體。不聞三途惡惱
연화중。자연화생。실수청허지신。무극지체。불문삼도악뇌

苦難之名。尙無假設。何況實苦。但有自然快樂之音。是故彼
고난지명。상무가설。하황실고。단유자연쾌락지음。시고피

國。名爲極樂。
국。명위극락。

超世希有第十八
초세희유제십팔

彼極樂國。所有衆生。容色微妙。超世希有。咸同一類。無差別
피극락국。소유중생。용색미묘。초세희유。함동일류。무차별

相。但因順餘方俗。故有天人之名。佛告阿難。譬如世間貧苦
상。단인순여방속。고유천인지명。불고아난。비여세간빈고

乞人。在帝王邊。面貌形狀寧可類乎。帝王若比轉輪聖王。則
걸인。재제왕변。면모형상영가류호。제왕약비전륜성왕。즉

爲鄙陋。猶彼乞人。在帝王邊也。轉輪聖王。威相第一。比之忉
위비루。유피걸인。재제왕변야。전륜성왕。위상제일。비지도

利天王。又復醜劣。假令帝釋。比第六天。雖百千倍不相類也。
리천왕。우부추열。가령제석。비제육천。수백천배불상류야。

第六天王。若比極樂國中。菩薩聲聞。光顏容色。雖萬億倍。不
제육천왕。약비극락국중。보살성문。광안용색。수만억배。불

相及逮。所處宮殿。衣服飮食。猶如他化自在天王。至於威德。
상급체。소처궁전。의복음식。유여타화자재천왕。지어위덕。

階位。神通變化。一切天人。不可為比。百千萬億。不可計倍。
계위。신통변화。일체천인。불가위비。백천만억。불가계배。

阿難應知。無量壽佛極樂國土。如是功德莊嚴。不可思議。
아난응지。무량수불극락국토。여시공덕장엄。불가사의。

受用具足第十九
수용구족제십구

復次極樂世界。所有眾生。或已生。或現生。或當生。皆得如是
부차극락세계。소유중생。혹이생。혹현생。혹당생。개득여시

諸妙色身。形貌端嚴。福德無量。智慧明了。神通自在。受用種
제묘색신。형모단엄。복덕무량。지혜명료。신통자재。수용종

種。一切豐足。宮殿。服飾。香花。幡蓋莊嚴之具。隨意所須。悉
종。일체풍족。궁전。복식。향화。번개장엄지구。수의소수。실

皆如念。若欲食時。七寶缽器自然在前。百味飮食自然盈滿。
개여념。약욕식시。칠보발기자연재전。백미음식자연영만。

雖有此食。實無食者。但見色聞香以意為食。色力增長而無便
수유차식。실무식자。단견색문향이의위식。색력증장이무변

穢。身心柔軟。無所味著。事已化去。時至復現。復有眾寶妙
예。신심유연。무소미저。사이화거。시지부현。부유중보묘

衣。冠帶。瓔珞。無量光明。百千妙色。悉皆具足。自然在身。所
의。관대。영락。무량광명。백천묘색。실개구족。자연재신。소

居舍宅。稱其形色。寶網彌覆。懸諸寶鈴。奇妙珍異。周遍校
거사택。칭기형색。보망미복。현제보령。기묘진이。주편교

飾。光色晃曜。盡極嚴麗。樓觀欄楯。堂宇房閣。廣狹方圓。或
식。광색황요。진극엄려。누관난순。당우방각。광협방원。혹

大或小。或在虛空。或在平地。清淨安隱。微妙快樂。應念現
대혹소。혹재허공。혹재평지。청정안은。미묘쾌락。응념현

前。無不具足。
전。무불구족。

德風華雨第二十
덕풍화우제이십

其佛國土。每於食時。自然德風徐起。吹諸羅網。及眾寶樹。出
기불국토。매어식시。자연덕풍서기。취제라망。급중보수。출

微妙音。演說苦。空。無常。無我諸波羅密。流布萬種溫雅德
미묘음。연설고。공。무상。무아제바라밀。유포만종온아덕

香。其有聞者。塵勞垢習。自然不起。風觸其身。安和調適。猶
향。기유문자。진로구습。자연불기。풍촉기신。안화조적。유

如比丘得滅盡定。復吹七寶林樹。飄華成聚。種種色光。遍滿
여비구득멸진정。부취칠보림수。표화성취。종종색광。편만

佛土。隨色次第。而不雜亂。柔軟光潔。如兜羅綿。足履其上。
불토。수색차제。이불잡란。유연광결。여두라면。족리기상。

沒深四指。隨足舉已。還復如初。過食時後。其華自沒。大地清
몰심사지。수족거이。환부여초。과식시후。기화자몰。대지청

淨。更雨新華。隨其時節。還復周遍。與前無異。如是六反。
정。갱우신화。수기시절。환부주편。여전무이。여시육반。

寶蓮佛光第二十一
보련불광제이십일

又衆寶蓮華周滿世界。一一寶華百千億葉。其華光明。無量種
우중보연화주만세계。일일보화백천억엽。기화광명。무량종

色。青色青光。白色白光。玄黃朱紫。光色亦然。復有無量妙寶
색。청색청광。백색백광。현황주자。광색역연。부유무량묘보

百千摩尼。映飾珍奇。明曜日月。彼蓮華量。或半由旬。或一二
백천마니。영식진기。명요일월。피연화량。혹반유순。혹일이

三四。乃至百千由旬。一一華中。出三十六百千億光。一一光
삼사。내지백천유순。일일화중。출삼십육백천억광。일일광

中。出三十六百千億佛。身色紫金。相好殊特。一一諸佛。又放
중。출삼십육백천억불。신색자금。상호수특。일일제불。우방

百千光明。普為十方說微妙法。如是諸佛。各各安立無量衆生
백천광명。보위시방설미묘법。여시제불。각각안립무량중생

於佛正道。
어불정도。

決證極果第二十二
결증극과제이십이

復次阿難。彼佛國土。無有昏闇火光。日月。星曜。晝夜之象。
부차아난。피불국토。무유혼암화광。일월。성요。주야지상。

亦無歲月劫數之名。復無住著家室。於一切處。既無標式名
역무세월겁수지명。부무주저가실。어일체처。기무표식명

號。亦無取捨分別。唯受清淨最上快樂。若有善男子。善女人。
호。역무취사분별。유수청정최상쾌락。약유선남자。선여인。

若已生。若當生。皆悉住於正定之聚。決定證於阿耨多羅三藐
약이생。약당생。개실주어정정지취。결정증어아뇩다라삼막

三菩提。何以故。若邪定聚。及不定聚。不能了知建立彼因故。
삼보리。하이고。약사정취。급부정취。불능요지건립피인고。

十方佛讚第二十三
시방불찬제이십삼

復次阿難。東方恆河沙數世界。一一界中如恆沙佛。各出廣長
부차아난。동방항하사수세계。일일계중여항사불。각출광장

舌相。放無量光。說誠實言。稱讚無量壽佛不可思議功德。南
설상。방무량광。설성실언。칭찬무량수불부가사의공덕。남

西北方恆沙世界。諸佛稱讚亦復如是。四維上下恆沙世界。諸
서북방항사세계。제불칭찬역부여시。사유상하항사세계。제

佛稱讚亦復如是。何以故。欲令他方所有眾生聞彼佛名。發清
불칭찬역부여시。하이고。욕령타방소유중생문피불명。발청

淨心。憶念受持。歸依供養。乃至能發一念淨信。所有善根。至
정심。억념수지。귀의공양。내지능발일념정신。소유선근。지

心迴向。願生彼國。隨願皆生。得不退轉。乃至無上正等菩提。
심회향。원생피국。수원개생。득불퇴전。내지무상정등보리。

三輩往生第二十四
삼배왕생제이십사

佛告阿難。十方世界諸天人民。其有至心願生彼國。凡有三
불고아난。시방세계제천인민。기유지심원생피국。범유삼

輩。其上輩者。捨家棄欲而作沙門。發菩提心。一向專念阿彌
배。기상배자。사가기욕이작사문。발보리심。일향전념아미

陀佛。修諸功德。願生彼國。此等眾生。臨壽終時。阿彌陀佛。
타불。수제공덕。원생피국。차등중생。임수종시。아미타불。

與諸聖眾。現在其前。經須臾間。即隨彼佛往生其國。便於七
여제성중。현재기전。경수유간。즉수피불왕생기국。변어칠

寶華中自然化生。智慧勇猛。神通自在。是故阿難。其有眾生
보화중자연화생。지혜용맹。신통자재。시고아난。기유중생

欲於今世見阿彌陀佛者。應發無上菩提之心。復當專念極樂
욕어금세견아미타불자。응발무상보리지심。부당전념극낙

國土。積集善根。應持迴向。由此見佛。生彼國中。得不退轉。
국토。적집선근。응지회향。유차견불。생피국중。득불퇴전。

乃至無上菩提。其中輩者。雖不能行作沙門。大修功德。當發
내지무상보리。기중배자。수불능행작사문。대수공덕。당발

無上菩提之心。一向專念阿彌陀佛。隨己修行。諸善功德。奉
무상보리지심。일향전념아미타불。수기수행。제선공덕。봉

持齋戒。起立塔像。飯食沙門。懸繒然燈。散華燒香。以此迴
지재계。기립탑상。반식사문。현증연등。산화소향。이차회

向。願生彼國。其人臨終。阿彌陀佛化現其身。光明相好。具如
향。원생피국。기인임종。아미타불화현기신。광명상호。구여

真佛。與諸大眾前後圍繞。現其人前。攝受導引。即隨化佛往
진불。여제대중전후위요。현기인전。섭수도인。즉수화불왕

生其國。住不退轉。無上菩提。功德智慧次如上輩者也。其下
생기국。주불퇴전。무상보리。공덕지혜차여상배자야。기하

輩者。假使不能作諸功德。當發無上菩提之心。一向專念阿彌
배자。가사불능작제공덕。당발무상보리지심。일향전념아미

陀佛。歡喜信樂。不生疑惑。以至誠心。願生其國。此人臨終夢
타불。환희신요。불생의혹。이지성심。원생기국。차인임종몽

見彼佛。亦得往生。功德智慧次如中輩者也。若有衆生住大乘
견피불。역득왕생。공덕지혜차여중배자야。약유중생주대승

者。以清淨心。向無量壽。乃至十念。願生其國。聞甚深法。即
자。이청정심。향무량수。내지십념。원생기국。문심심법。즉

生信解。乃至獲得一念淨心。發一念心念於彼佛。此人臨命終
생신해。내지획득일념정심。발일념심념어피불。차인임명종

時。如在夢中。見阿彌陀佛。定生彼國。得不退轉無上菩提。
시。여재몽중。견아미타불。정생피국。득불퇴전무상보리。

往生正因第二十五
왕생정인제이십오

復次阿難。若有善男子。善女人。聞此經典。受持。讀誦。書寫。
부차아난。약유선남자。선여인。문차경전。수지。독송。서사。

供養。晝夜相續。求生彼刹。發菩提心。持諸禁戒。堅守不犯。
공양。주야상속。구생피찰。발보리심。지제금계。견수불범。

饒益有情。所作善根悉施與之。令得安樂。憶念西方阿彌陀
요익유정。소작선근실시여지。영득안락。억념서방아미타

佛。及彼國土。是人命終。如佛色相。種種莊嚴。生寶刹中。速
불。급피국토。시인명종。여불색상。종종장엄。생보찰중。속

得聞法。永不退轉。復次阿難。若有衆生欲生彼國。雖不能大
득문법。영불퇴전。부차아난。약유중생욕생피국。수불능대

精進禪定。盡持經戒。要當作善。所謂一不殺生。二不偷盜。三
정진선정。진지경계。요당작선。소위일불살생。이불투도。삼

不淫欲。四不妄言。五不綺語。六不惡口。七不兩舌。八不貪。
불음욕。사불망언。오불기어。육불악구。칠불양설。팔불탐。

九不瞋。十不癡。如是晝夜思惟。極樂世界阿彌陀佛。種種功
구부진。십불치。여시주야사유。극락세계아미타불。종종공

德。種種莊嚴。志心歸依。頂禮供養。是人臨終。不驚不怖。心
덕。종종장엄。지심귀의。정례공양。시인임종。불경불포。심

不顛倒。即得往生彼佛國土。若多事物。不能離家。不暇大修
부전도。즉득왕생피불국토。약다사물。불능리가。불가대수

齋戒。一心清淨。有空閒時。端正身心。絕欲去憂。慈心精進。
재계。일심청정。유공한시。단정신심。절욕거우。자심정진。

不當瞋怒。嫉妒。不得貪饕慳惜。不得中悔。不得狐疑。要當
부당진노。질투。부득탐철간석。부득중회。부득호의。요당

孝順。至誠忠信。當信佛經語深。當信作善得福。奉持如是等
효순。지성충신。당신불경어심。당신작선득복。봉지여시등

法。不得虧失。思惟熟計。欲得度脫。晝夜常念。願欲往生阿彌
법。부득휴실。사유숙계。욕득도탈。주야상념。원욕왕생아미

陀佛淸淨佛國。十日十夜乃至一日一夜不斷絕者。壽終皆得
타불청정불국。십일십야내지일일일야부단절자。수종개득

往生其國。行菩薩道。諸往生者。皆得阿惟越致。皆具金色三
왕생기국。행보살도。제왕생자。개득아유월치。개구금색삼

十二相。皆當作佛。欲於何方佛國作佛。從心所願。隨其精進
십이상。개당작불。욕어하방불국작불。종심소원。수기정진

早晚。求道不休。會當得之。不失其所願也。阿難。以此義利
조만。구도불휴。회당득지。부실기소원야。아난。이차의리

故。無量無數不可思議。無有等等無邊世界。諸佛如來。皆共
고。무량무수불가사의。무유등등무변세계。제불여래。개공

稱讚無量壽佛所有功德。
칭찬무량수불소유공덕。

禮供聽法第二十六
예공청법제이십육

復次阿難。十方世界諸菩薩眾。為欲瞻禮極樂世界無量壽佛。
부차아난。시방세계제보살중。위욕첨례극락세계무량수불。

各以香華幢幡寶蓋。往詣佛所。恭敬供養。聽受經法。宣布道
각이향화당번보개。왕예불소。공경공양。청수경법。선포도

化。稱讚佛土功德莊嚴。爾時世尊即說頌曰
화。칭찬불토공덕장엄。이시세존즉설송왈

東方諸佛刹　數如恆河沙
동방제불찰　수여항하사

恆沙菩薩眾　往禮無量壽
항사보살중　왕례무량수

南西北四維　上下亦復然
남서북사유　상하역부연

咸以尊重心　奉諸珍妙供
함이존중심　봉제진묘공

暢發和雅音　歌歎最勝尊
창발화아음　가탄최승존

究達神通慧　遊入深法門
구달신통혜　유입심법문

聞佛聖德名　安穩得大利
문불성덕명　안온득대리

種種供養中　勤修無懈倦
종종공양중　근수무해권

觀彼殊勝剎　微妙難思議
관피수승찰　미묘난사의

功德普莊嚴　諸佛國難比
공덕보장엄　제불국난비

因發無上心　願速成菩提
인발무상심　원속성보리

應時無量尊　微笑現金容
응시무량존　미소현금용

光明從口出　遍照十方國
광명종구출　편조시방국

迴光還繞佛　三匝從頂入
회광환요불　삼잡종정입

菩薩見此光　即證不退位
보살견차광　즉증불퇴위

時會一切衆　互慶生歡喜
시회일체중　호경생환희

佛語梵雷震　八音暢妙聲
불어범뢰진　팔음창묘성

十方來正士　吾悉知彼願
시방래정사　오실지피원

志求嚴淨土　受記當作佛
지구엄정토　수기당작불

覺了一切法　猶如夢幻響
각료일체법　유여몽환향

滿足諸妙願　必成如是刹
만족제묘원　필성여시찰

知土如影像　恆發弘誓心
지토여영상　항발홍서심

究竟菩薩道　具諸功德本
구경보살도　구제공덕본

修勝菩提行　受記當作佛
수승보리행　수기당작불

通達諸法性　一切空無我
통달제법성　일체공무아

專求淨佛土　必成如是刹
전구정불토　필성여시찰

聞法樂受行　得至淸淨處
문법요수행　득지청정처

必於無量尊　受記成等覺
필어무량존　수기성등각

無邊殊勝刹　其佛本願力
무변수승찰　기불본원력

聞名欲往生　自致不退轉
문명욕왕생　자치불퇴전

菩薩興至願　願己國無異
보살흥지원　원기국무이

普念度一切　各發菩提心
보념도일체　각발보리심

捨彼輪迴身　俱令登彼岸
사피윤회신　구령등피안

奉事萬億佛　飛化遍諸刹
봉사만억불　비화편제찰

恭敬歡喜去　還到安養國
공경환희거　환도안양국

歌歎佛德第二十七
가탄불덕제이십칠

佛語阿難。彼國菩薩。承佛威神。於一食頃。復往十方無邊淨
불어아난。피국보살。승불위신。어일식경。부왕십방무변정

刹。供養諸佛。華香幢幡。供養之具。應念即至。皆現手中。珍
찰。공양제불。화향당번。공양지구。응념즉지。개현수중。진

妙殊特。非世所有。以奉諸佛。及菩薩眾。其所散華。即於空
묘수특。비세소유。이봉제불。급보살중。기소산화。즉어공

中。合為一華。華皆向下。端圓周匝。化成華蓋。百千光色。色
중。합위일화。화개향하。단원주잡。화성화개。백천광색。색

色異香。香氣普薰。蓋之小者。滿十由旬。如是轉倍。乃至遍覆
색이향。향기보훈。개지소자。만십유순。여시전배。내지편복

三千大千世界。隨其前後。以次化沒。若不更以新華重散。前
삼천대천세계。수기전후。이차화몰。약불갱이신화중산。전

所散華終不復落。於虛空中共奏天樂。以微妙音歌歎佛德。經
소산화종불부락。어허공중공주천악。이미묘음가탄불덕。경

須臾間。還其本國。都悉集會七寶講堂。無量壽佛。則為廣宣
수유간。환기본국。도실집회칠보강당。무량수불。즉위광선

大教。演暢妙法。莫不歡喜。心解得道。即時香風吹七寶樹。出
대교。연창묘법。막불환희。심해득도。즉시향풍취칠보수。출

五音聲。無量妙華。隨風四散。自然供養。如是不絕。一切諸
오음성。무량묘화。수풍사산。자연공양。여시부절。일체제

天。皆齎百千華香。萬種伎樂。供養彼佛。及諸菩薩聲聞之眾。
천。개재백천화향。만종기악。공양피불。급제보살성문지중。

前後往來。熙怡快樂。此皆無量壽佛本願加威。及曾供養如
전후왕래。희이쾌락。차개무량수불본원가위。급증공양여

來。善根相續。無缺減故。善修習故。善攝取故。善成就故。
래。선근상속。무결감고。선수습고。선섭취고。선성취고。

大士神光第二十八
대사신광제이십팔

佛告阿難。彼佛國中諸菩薩眾。悉皆洞視。徹聽八方。上下。去
불고아난。피불국중제보살중。실개통시。철청팔방。상하。거

來。現在之事。諸天人民以及蜎飛蠕動之類。心意善惡。口所
래。현재지사。제천인민이급연비연동지류。심의선악。구소

欲言。何時度脫。得道往生。皆豫知之。又彼佛剎諸聲聞眾。身
욕언。하시도탈。득도왕생。개예지지。우피불찰제성문중。신

光一尋。菩薩光明照百由旬。有二菩薩。最尊第一。威神光明。
광일심。보살광명조백유순。유이보살。최존제일。위신광명。

普照三千大千世界。阿難白佛。彼二菩薩。其號云何。佛言。一
보조삼천대천세계。아난백불。피이보살。기호운하。불언。일

名觀世音。一名大勢至。此二菩薩。於娑婆界。修菩薩行。往生
명관세음。일명대세지。차이보살。어사바계。수보살행。왕생

彼國。常在阿彌陀佛左右。欲至十方無量佛所。隨心則到。現
피국。상재아미타불좌우。욕지시방무량불소。수심즉도。현

居此界。作大利樂。世間善男子。善女人。若有急難恐怖。但自
거차계。작대이락。세간선남자。선여인。약유급난공포。단자

歸命觀世音菩薩。無不得解脫者。
귀명관세음보살。무부득해탈자。

願力宏深第二十九
원력굉심제이십구

復次阿難。彼佛刹中。所有現在。未來一切菩薩。皆當究竟一
부차아난。피불찰중。소유현재。미래일체보살。개당구경일

生補處。唯除大願。入生死界。為度群生。作師子吼。擐大甲
생보처。유제대원。입생사계。위도군생。작사자후。환대갑

冑。以宏誓功德而自莊嚴。雖生五濁惡世。示現同彼。直至成
주。이굉서공덕이자장엄。수생오탁악세。시현동피。직지성

佛。不受惡趣。生生之處。常識宿命。無量壽佛意欲度脫十方
불。불수악취。생생지처。상식숙명。무량수불의욕도탈시방

世界諸眾生類。皆使往生其國。悉令得泥洹道。作菩薩者。令
세계제중생류。개사왕생기국。실령득니원도。작보살자。영

悉作佛。既作佛已。轉相教授。轉相度脫。如是輾轉。不可復
실작불。기작불이。전상교수。전상도탈。여시전전。불가부

計。十方世界。聲聞。菩薩。諸衆生類。生彼佛國。得泥洹道。當
계。시방세계。성문。보살。제중생류。생피불국。득니원도。당

作佛者。不可勝數。彼佛國中。常如一法。不為增多。所以者
작불자。불가승수。피불국중。상여일법。불위증다。소이자

何。猶如大海。為水中王。諸水流行。都入海中。是大海水。寧
하。유여대해。위수중왕。제수유행。도입해중。시대해수。영

為增減。八方上下。佛國無數。阿彌陀國。長久廣大。明好快
위증감。팔방상하。불국무수。아미타국。장구광대。명호쾌

樂。最為獨勝。本其為菩薩時。求道所願。累德所致。無量壽
락。최위독승。본기위보살시。구도소원。누덕소치。무량수

佛。恩德布施八方上下。無窮無極。深大無量。不可勝言。
불。은덕보시팔방상하。무궁무극。심대무량。불가승언。

菩薩修持第三十
보살수지제삼십

復次阿難。彼佛刹中。一切菩薩。禪定智慧。神通威德。無不圓
부차아난。피불찰중。일체보살。선정지혜。신통위덕。무불원

滿。諸佛密藏。究竟明了。調伏諸根。身心柔軟。深入正慧。無
만。제불밀장。구경명료。조복제근。신심유연。심입정혜。무

復餘習。依佛所行。七覺聖道。修行五眼。照真達俗。肉眼簡
부여습。의불소행。칠각성도。수행오안。조진달속。육안간

擇。天眼通達。法眼清淨。慧眼見真。佛眼具足。覺了法性。辯
택。천안통달。법안청정。혜안견진。불안구족。각료법성。변

才總持。自在無礙。善解世間無邊方便。所言誠諦。深入義味。
재총지。자재무애。선해세간무변방편。소언성제。심입의미。

度諸有情。演說正法。無相無為。無縛無脫。無諸分別。遠離顚
도제유정。연설정법。무상무위。무박무탈。무제분별。원리전

倒。於所受用。皆無攝取。遍遊佛刹。無愛無厭。亦無希求不希
도。어소수용。개무섭취。편유불찰。무애무염。역무희구불희

求想。亦無彼我違怨之想。何以故。彼諸菩薩。於一切眾生。有
구상。역무피아위원지상。하이고。피제보살。어일체중생。유

大慈悲利益心故。捨離一切執著。成就無量功德。以無礙慧。
대자비이익심고。사리일체집착。성취무량공덕。이무애혜。

解法如如。善知集滅音聲方便。不欣世語。樂在正論。知一切
해법여여。선지집멸음성방편。불흔세어。낙재정론。지일체

法。悉皆空寂。生身煩惱。二餘俱盡。於三界中平等勤修。究竟
법。실개공적。생신번뇌。이여구진。어삼계중평등근수。구경

一乘。至於彼岸。決斷疑網。證無所得。以方便智。增長了知。
일승。지어피안。결단의망。증무소득。이방편지。증장요지。

從本以來。安住神通。得一乘道。不由他悟。
종본이래。안주신통。득일승도。불유타오。

眞實功德第三十一
진실공덕제삼십일

其智宏深。譬如巨海。菩提高廣。喩若須彌。自身威光。超於日
기지굉심。비여거해。보리고광。유약수미。자신위광。초어일

月。其心潔白。猶如雪山。忍辱如地。一切平等。淸淨如水。洗
월。기심결백。유여설산。인욕여지。일체평등。청정여수。세

諸塵垢。熾盛如火。燒煩惱薪。不著如風。無諸障礙。法音雷
제진구。치성여화。소번뇌신。불착여풍。무제장애。법음뢰

震。覺未覺故。雨甘露法。潤眾生故。曠若虛空。大慈等故。如
진。각미각고。우감로법。윤중생고。광약허공。대자등고。여

淨蓮華。離染污故。如尼拘樹。覆蔭大故。如金剛杵。破邪執
정련화。리염오고。여니구수。복음대고。여금강저。파사집

故。如鐵圍山。眾魔外道不能動故。其心正直。善巧決定。論法
고。여철위산。중마외도불능동고。기심정직。선교결정。논법

無厭。求法不倦。戒若琉璃。內外明潔。其所言說。令眾悅服。
무염。구법불권。계약유리。내외명결。기소언설。영중열복。

擊法鼓。建法幢。曜慧日。破癡闇。淳淨溫和。寂定明察。為大
격법고。건법당。요혜일。파치암。순정온화。적정명찰。위대

導師。調伏自他。引導群生。捨諸愛著。永離三垢。遊戲神通。
도사。조복자타。인도군생。사제애착。영리삼구。유희신통。

因緣願力。出生善根。摧伏一切魔軍。尊重奉事諸佛。為世明
인연원력。출생선근。최복일체마군。존중봉사제불。위세명

燈。最勝福田。殊勝吉祥。堪受供養。赫奕歡喜。雄猛無畏。身
등。최승복전。수승길상。감수공양。혁혁환희。웅맹무외。신

色相好。功德辯才。具足莊嚴。無與等者。常為諸佛所共稱讚。
색상호。공덕변재。구족장엄。무여등자。상위제불소공칭찬。

究竟菩薩諸波羅蜜。而常安住不生不滅諸三摩地。行遍道場。
구경보살제바라밀。이상안주불생불멸제삼마지。행편도량。

遠二乘境。阿難。我今略說。彼極樂界。所生菩薩。真實功德。
원이승경。아난。아금약설。피극락계。소생보살。진실공덕。

悉皆如是。若廣說者。百千萬劫。不能窮盡。
실개여시。약광설자。백천만겁。불능궁진。

壽樂無極第三十二
수락무극제삼십이

佛告彌勒菩薩。諸天人等。無量壽國。聲聞菩薩。功德智慧。不
불고미륵보살。제천인등。무량수국。성문보살。공덕지혜。불

可稱說。又其國土微妙。安樂。清淨若此。何不力爲善。念道之
가칭설。우기국토미묘。안락。청정약차。하불력위선。염도지

自然。出入供養。觀經行道。喜樂久習。才猛智慧。心不中迴。
자연。출입공양。관경행도。희요구습。재맹지혜。심부중회。

意無懈時。外若遲緩。內獨駛急。容容虛空。適得其中。中表相
의무해시。외약지완。내독사급。용용허공。적득기중。중표상

應。自然嚴整。檢歛端直。身心潔淨。無有愛貪。志願安定。無
응。자연엄정。검감단직。신심결정。무유애탐。지원안정。무

增缺減。求道和正。不誤傾邪。隨經約令。不敢蹉跌。若於繩
증결감。구도화정。불오경사。수경약령。불감차질。약어승

墨。咸爲道慕。曠無他念。無有憂思。自然無爲。虛空無立。淡
묵。함위도모。광무타념。무유우사。자연무위。허공무립。담

安無欲。作得善願。盡心求索。含哀慈愍。禮義都合。苞羅表
안무욕。작득선원。진심구색。함애자민。예의도합。포라표

裡。過度解脫。自然保守。眞眞潔白。志願無上。淨定安樂。一
리。과도해탈。자연보수。진진결백。지원무상。정정안락。일

旦開達明徹。自然中自然相。自然之有根本。自然光色參迴。
단개달명철。자연중자연상。자연지유근본。자연광색참회。

轉變最勝。鬱單成七寶。橫攬成萬物。光精明俱出。善好殊無
전변최승。울단성칠보。횡람성만물。광정명구출。선호수무

比。著於無上下。洞達無邊際。宜各勤精進。努力自求之。必得
비。저어무상하。통달무변제。의각근정진。노력자구지。필득

超絕去。往生無量淸淨阿彌陀佛國。橫截於五趣。惡道自閉
초절거。왕생무량청정아미타불국。횡절어오취。악도자폐

塞。無極之勝道。易往而無人。其國不逆違。自然所牽隨。捐志
색。무극지승도。이왕이무인。기국불역위。자연소견수。연지

若虛空。勤行求道德。可得極長生。壽樂無有極。何為著世事。
약허공。근행구도덕。가득극장생。수락무유극。하위착세사。

誃誃憂無常。
뇨뇨우무상。

勸諭策進第三十三
권유책진제삼십삼

世人共爭不急之務。於此劇惡極苦之中。勤身營務。以自給
세인공쟁불급지무。어차극악극고지중。근신영무。이자급

濟。尊卑。貧富。少長。男女。累念積慮。為心走使。無田憂田。
제。존비。빈부。소장。남녀。누념적려。위심주사。무전우전。

無宅憂宅。眷屬財物。有無同憂。有一少一。思欲齊等。適小具
무택우택。권속재물。유무동우。유일소일。사욕제등。적소구

有。又憂非常。水火盜賊。怨家債主。焚漂劫奪。消散磨滅。心
유。우우비상。수화도적。원가채주。분표겁탈。소산마멸。심

慳意固。無能縱捨。命終棄捐。莫誰隨者。貧富同然。憂苦萬
간의고。무능종사。명종기연。막수수자。빈부동연。우고만

端。世間人民。父子。兄弟。夫婦。親屬。當相敬愛。無相憎嫉。
단。세간인민。부자。형제。부부。친속。당상경애。무상증질。

有無相通。無得貪惜。言色常和。莫相違戾。或時心諍。有所恚
유무상통。무득탐석。언색상화。막상위려。혹시심쟁。유소에

怒。後世轉劇。至成大怨。世間之事。更相患害。雖不臨時。應
노。후세전극。지성대원。세간지사。갱상환해。수불림시。응

急想破。人在愛欲之中。獨生獨死。獨去獨來。苦樂自當。無有
급상파。인재애욕지중。독생독사。독거독래。고락자당。무유

代者。善惡變化。追逐所生。道路不同。會見無期。何不於強健
대자。선악변화。추축소생。도로부동。회견무기。하불어강건

時。努力修善。欲何待乎。世人善惡自不能見。吉凶禍福。競各
시。노력수선。욕하대호。세인선악자불능견。길흉화복。경각

作之。身愚神闇。轉受餘敎。顚倒相續。無常根本。蒙冥抵突。
작지。신우신암。전수여교。전도상속。무상근본。몽명저돌。

不信經法。心無遠慮。各欲快意。迷於瞋恚。貪於財色。終不休
불신경법。심무원려。각욕쾌의。미어진에。탐어재색。종불휴

止。哀哉可傷。先人不善。不識道德。無有語者。殊無怪也。死
지。애재가상。선인불선。불식도덕。무유어자。수무괴야。사

生之趣。善惡之道。都不之信。謂無有是。更相瞻視。且自見
생지취。선악지도。도불지신。위무유시。갱상첨시。차자견

之。或父哭子。或子哭父。兄弟夫婦。更相哭泣。一死一生。迭
지。혹부곡자。혹자곡부。형제부부。갱상곡읍。일사일생。질

相顧戀。憂愛結縛。無有解時。思想恩好。不離情欲。不能深思
상고련。우애결박。무유해시。사상은호。불리정욕。불능심사

熟計。專精行道。年壽旋盡。無可奈何。惑道者眾。悟道者少。
숙계。전정행도。연수선진。무가내하。혹도자중。오도자소。

各懷殺毒。惡氣冥冥。為妄興事。違逆天地。恣意罪極。頓奪其
각회살독。악기명명。위망흥사。위역천지。자의죄극。돈탈기

壽。下入惡道。無有出期。若曹當熟思計。遠離眾惡。擇其善
수。하입악도。무유출기。약조당숙사계。원리중악。택기선

者。勤而行之。愛欲榮華。不可常保。皆當別離。無可樂者。當
자。근이행지。애욕영화。불가상보。개당별리。무가락자。당

勤精進。生安樂國。智慧明達。功德殊勝。勿得隨心所欲。虧負
근정진。생안락국。지혜명달。공덕수승。물득수심소욕。휴부

經戒。在人後也。
경계。재인후야。

心得開明第三十四
심득개명제삼십사

彌勒白言。佛語教戒。甚深甚善。皆蒙慈恩。解脫憂苦。佛為法
미륵백언。불어교계。심심심선。개몽자은。해탈우고。불위법

王。尊超群聖。光明徹照。洞達無極。普為一切天人之師。今得
왕。존초군성。광명철조。통달무극。보위일체천인지사。금득

值佛。復聞無量壽聲。靡不歡喜。心得開明。佛告彌勒。敬於佛
치불。부문무량수성。미불환희。심득개명。불고미륵。경어불

者。是為大善。實當念佛。截斷狐疑。拔諸愛欲。杜眾惡源。遊
자。시위대선。실당염불。절단호의。발제애욕。두중악원。유

步三界。無所罣礙。開示正道。度未度者。若曹當知十方人民。
보삼계。무소괘애。개시정도。도미도자。약조당지시방인민。

永劫以來。輾轉五道。憂苦不絶。生時苦痛。老亦苦痛。病極苦
영겁이래。전전오도。우고부절。생시고통。노역고통。병극고

痛。死極苦痛。惡臭不淨。無可樂者。宜自決斷。洗除心垢。言
통。사극고통。악취부정。무가락자。의자결단。세제심구。언

行忠信。表裡相應。人能自度。轉相拯濟。至心求願。積累善
행충신。표리상응。인능자도。전상증제。지심구원。적루선

本。雖一世精進勤苦。須臾間耳。後生無量壽國。快樂無極。永
본。수일세정진근고。수유간이。후생무량수국。쾌락무극。영

拔生死之本。無復苦惱之患。壽千萬劫。自在隨意。宜各精進。
발생사지본。무부고뇌지환。수천만겁。자재수의。의각정진。

求心所願。無得疑悔。自爲過咎。生彼邊地。七寶城中。於五百
구심소원。무득의회。자위과구。생피변지。칠보성중。어오백

歲受諸厄也。彌勒白言。受佛明誨。專精修學。如敎奉行。不敢
세수제액야。미륵백언。수불명회。전정수학。여교봉행。불감

有疑。
유의。

濁世惡苦第三十五
탁세악고제삼십오

佛告彌勒。汝等能於此世。端心正意。不爲衆惡。甚爲大德。
불고미륵。여등능어차세。단심정의。불위중악。심위대덕。

所以者何。十方世界善多惡少。易可開化。唯此五惡世間。最
소이자하。시방세계선다악소。이가개화。유차오악세간。최

爲劇苦。我今於此作佛。敎化群生。令捨五惡。去五痛。離五
위극고。아금어차작불。교화군생。영사오악。거오통。리오

燒。降化其意。令持五善。獲其福德。何等為五。其一者。世間
소。항화기의。영지오선。획기복덕。하등위오。기일자。세간

諸眾生類。欲為眾惡。強者伏弱。轉相剋賊。殘害殺傷。迭相
제중생류。욕위중악。강자복약。전상극적。잔해살상。질상

吞噉。不知為善。後受殃罰。故有窮乞。孤獨。聾盲。瘖啞。癡
탄담。부지위선。후수앙벌。고유궁걸。고독。농맹。음아。치

惡。尪狂。皆因前世不信道德。不肯為善。其有尊貴。豪富。賢
악。왕광。개인전세불신도덕。불긍위선。기유존귀。호부。현

明。長者。智勇。才達。皆由宿世慈孝。修善積德所致。世間有
명。장자。지용。재달。개유숙세자효。수선적덕소치。세간유

此目前現事。壽終之後。入其幽冥。轉生受身。改形易道。故有
차목전현사。수종지후。입기유명。전생수신。개형역도。고유

泥犁。禽獸。蜎飛蠕動之屬。譬如世法牢獄。劇苦極刑。魂神命
니리。금수。연비연동지속。비여세법뇌옥。극고극형。혼신명

精。隨罪趣向。所受壽命。或長或短。相從共生。更相報償。殃
정。수죄취향。소수수명。혹장혹단。상종공생。갱상보상。앙

惡未盡。終不得離。輾轉其中。累劫難出。難得解脫。痛不可
악미진。종부득리。전전기중。누겁난출。난득해탈。통불가

言。天地之間。自然有是。雖不即時暴應。善惡會當歸之。其二
언。천지지간。자연유시。수부즉시폭응。선악회당귀지。기이

者。世間人民不順法度。奢婬驕縱。任心自恣。居上不明。在位
자。세간인민불순법도。사음교종。임심자자。거상불명。재위

不正。陷人冤枉。損害忠良。心口各異。機偽多端。尊卑中外。
부정。함인원왕。손해충량。심구각이。기위다단。존비중외。

更相欺誑。瞋恚愚癡。欲自厚己。欲貪多有。利害勝負。結忿成
갱상기광。진에우치。욕자후기。욕탐다유。이해승부。결분성

讎。破家亡身。不顧前後。富有慳惜。不肯施與。愛保貪重。心
수。파가망신。불고전후。부유간석。불긍시여。애보탐중。심

勞身苦。如是至竟。無一隨者。善惡禍福。追命所生。或在樂
로신고。여시지경。무일수자。선악화복。추명소생。혹재락

處。或入苦毒。又或見善憎謗。不思慕及。常懷盜心。悕望他
처。혹입고독。우혹견선증방。불사모급。상회도심。희망타

利。用自供給。消散復取。神明剋識。終入惡道。自有三途無量
리。용자공급。소산부취。신명극식。종입악도。자유삼도무량

苦惱。輾轉其中。累劫難出。痛不可言。其三者。世間人民相因
고뇌。전전기중。누겁난출。통불가언。기삼자。세간인민상인

寄生。壽命幾何。不良之人。身心不正。常懷邪惡。常念婬妷。
기생。수명기하。부량지인。신심부정。상회사악。상념음질。

煩滿胸中。邪態外逸。費損家財。事為非法。所當求者。而不肯
번만흉중。사태외일。비손가재。사위비법。소당구자。이불긍

為。又或交結聚會。興兵相伐。攻劫殺戮。強奪迫脅。歸給妻
위。우혹교결취회。흥병상벌。공겁살륙。강탈박협。귀급처

子。極身作樂。眾共憎厭。患而苦之。如是之惡。著於人鬼。神
자。극신작락。중공증염。환이고지。여시지악。저어인귀。신

明記識。自入三途。無量苦惱。輾轉其中。累劫難出。痛不可
명기식。자입삼도。무량고뇌。전전기중。누겁난출。통불가

言。其四者。世間人民不念修善。兩舌。惡口。妄言。綺語。憎嫉
언。기사자。세간인민불념수선。양설。악구。망언。기어。증질

善人。敗壞賢明。不孝父母。輕慢師長。朋友無信。難得誠實。
선인。패괴현명。불효부모。경만사장。붕우무신。난득성실。

尊貴自大。謂己有道。橫行威勢。侵易于人。欲人畏敬。不自慚
존귀자대。위기유도。횡행위세。침이우인。욕인외경。부자참

懼。難可降化。常懷驕慢。賴其前世。福德營護。今世爲惡。福
구。난가항화。상회교만。뢰기전세。복덕영호。금세위악。복

德盡滅。壽命終盡。諸惡繞歸。又其名籍。記在神明。殃咎牽
덕진멸。수명종진。제악요귀。우기명적。기재신명。앙구견

引。無從捨離。但得前行。入于火鑊。身心摧碎。神形苦極。當
인。무종사리。단득전행。입우화확。신심최쇄。신형고극。당

斯之時。悔復何及。其五者。世間人民徙倚懈怠。不肯作善。治
사지시。회부하급。기오자。세간인민사의해태。불긍작선。치

身修業。父母敎誨。違戾反逆。譬如怨家。不如無子。負恩違
신수업。부모교회。위려반역。비여원가。불여무자。부은위

義。無有報償。放恣遊散。耽酒嗜美。魯扈抵突。不識人情。無
의。무유보상。방자유산。탐주기미。노호저돌。불식인정。무

義無禮。不可諫曉。六親眷屬。資用有無。不能憂念。不惟父母
의무례。불가간효。육친권속。자용유무。불능우념。불유부모

之恩。不存師友之義。意念身口。曾無一善。不信諸佛經法。不
지은。부존사우지의。의념신구。증무일선。불신제불경법。불

信生死善惡。欲害眞人。鬥亂僧衆。愚癡蒙昧。自爲智慧。不
신생사선악。욕해진인。투란승중。우치몽매。자위지혜。부

知生所從來。死所趣向。不仁不順。希望長生。慈心敎誨。而不
지생소종래。사소취향。불인불순。희망장생。자심교회。이불

肯信。苦口與語。無益其人。心中閉塞。意不開解。大命將終。
긍신。고구여어。무익기인。심중폐색。의불개해。대명장종。

悔懼交至。不豫修善。臨時乃悔。悔之於後。將何及乎。天地之
회구교지。불예수선。임시내회。회지어후。장하급호。천지지

間。五道分明。善惡報應。禍福相承。身自當之。無誰代者。善
간。오도분명。선악보응。화복상승。신자당지。무수대자。선

人行善。從樂入樂。從明入明。惡人行惡。從苦入苦。從冥入
인행선。종락입락。종명입명。악인행악。종고입고。종명입

冥。誰能知者。獨佛知耳。教語開示。信行者少。生死不休。惡
명。수능지자。독불지이。교어개시。신행자소。생사불휴。악

道不絕。如是世人。難可俱盡。故有自然三途。無量苦惱。輾轉
도부절。여시세인。난가구진。고유자연삼도。무량고뇌。전전

其中。世世累劫。無有出期。難得解脫。痛不可言。如是五惡。
기중。세세누겁。무유출기。난득해탈。통불가언。여시오악。

五痛。五燒。譬如大火。焚燒人身。若能自於其中一心制意。端
오통。오소。비여대화。분소인신。약능자어기중일심제의。단

身正念。言行相副。所作至誠。獨作諸善。不為眾惡。身獨度
신정념。언행상부。소작지성。독작제선。불위중악。신독도

脫。獲其福德。可得長壽泥洹之道。是為五大善也。
탈。획기복덕。가득장수니원지도。시위오대선야。

重重誨勉第三十六
중중회면제삼십육

佛告彌勒。吾語汝等。如是五惡。五痛。五燒。輾轉相生。敢有
불고미륵。오어여등。여시오악。오통。오소。전전상생。감유

犯此。當歷惡趣。或其今世。先被病殃。死生不得。示眾見之。
범차。당력악취。혹기금세。선피병앙。사생부득。시중견지。

或於壽終。入三惡道。愁痛酷毒。自相燋然。共其怨家。更相殺
혹어수종。입삼악도。수통혹독。자상초연。공기원가。갱상살

傷。從小微起。成大困劇。皆由貪著財色。不肯施惠。各欲自
상。종소미기。성대곤극。개유탐착재색。불긍시혜。각욕자

快。無復曲直。癡欲所迫。厚己爭利。富貴榮華。當時快意。不
쾌。무부곡직。치욕소박。후기쟁리。부귀영화。당시쾌의。불

能忍辱。不務修善。威勢無幾。隨以磨滅。天道施張。自然糾
능인욕。불무수선。위세무기。수이마멸。천도시장。자연규

舉。茕茕忪忪。當入其中。古今有是。痛哉可傷。汝等得佛經
거。경경종종。당입기중。고금유시。통재가상。여등득불경

語。熟思惟之。各自端守。終身不怠。尊聖敬善。仁慈博愛。當
어。숙사유지。각자단수。종신불태。존성경선。인자박애。당

求度世。拔斷生死眾惡之本。當離三途憂怖苦痛之道。若曹作
구도세。발단생사중악지본。당리삼도우포고통지도。약조작

善。云何第一。當自端心。當自端身。耳目口鼻。皆當自端。身
선。운하제일。당자단심。당자단신。이목구비。개당자단。신

心淨潔。與善相應。勿隨嗜欲。不犯諸惡。言色當和。身行當
심정결。여선상응。물수기욕。불범제악。언색당화。신행당

專。動作瞻視。安定徐為。作事倉卒。敗悔在後。為之不諦。亡
전。동작첨시。안정서위。작사창졸。패회재후。위지부제。망

其功夫。
기공부。

如貧得寶第三十七
여빈득보제삼십칠

汝等廣植德本。勿犯道禁。忍辱精進。慈心專一。齋戒淸淨。一
여등광식덕본。물범도금。인욕정진。자심전일。재계청정。일

日一夜。勝在無量壽國爲善百歲。所以者何。彼佛國土。皆積
일일야。승재무량수국위선백세。소이자하。피불국토。개적

德衆善。無毫髮之惡。於此修善十日十夜。勝於他方諸佛國
덕중선。무호발지악。어차수선십일십야。승어타방제불국

中。爲善千歲。所以者何。他方佛國。福德自然。無造惡之地。
중。위선천세。소이자하。타방불국。복덕자연。무조악지지。

唯此世間。善少惡多。飮苦食毒。未嘗寧息。吾哀汝等。苦心誨
유차세간。선소악다。음고식독。미상녕식。오애여등。고심회

喩。授與經法。悉持思之。悉奉行之。尊卑。男女。眷屬。朋友。
유。수여경법。실지사지。실봉행지。존비。남녀。권속。붕우。

轉相敎語。自相約檢。和順義理。歡樂慈孝。所作如犯。則自悔
전상교어。자상약검。화순의리。환락자효。소작여범。즉자회

過。去惡就善。朝聞夕改。奉持經戒。如貧得寶。改往修來。洒
과。거악취선。조문석개。봉지경계。여빈득보。개왕수래。쇄

心易行。自然感降。所願輒得。佛所行處。國邑丘聚。靡不蒙
심역행。자연감강。소원첩득。불소행처。국읍구취。미불몽

化。天下和順。日月淸明。風雨以時。災厲不起。國豐民安。兵
화。천하화순。일월청명。풍우이시。재려불기。국풍민안。병

戈無用。崇德興仁。務修禮讓。國無盜賊。無有怨枉。強不凌
과무용。숭덕흥인。무수례양。국무도적。무유원왕。강불릉

弱。各得其所。我哀汝等。甚於父母念子。我於此世作佛。以善
약。각득기소。아애여등。심어부모염자。아어차세작불。이선

攻惡。拔生死之苦。令獲五德。升無為之安。吾般泥洹。經道漸
공악。발생사지고。영획오덕。승무위지안。오반니원。경도점

滅。人民諂偽。復為眾惡。五燒五痛。久後轉劇。汝等轉相教
멸。인민첨위。부위중악。오소오통。구후전극。여등전상교

誡。如佛經法。無得犯也。彌勒菩薩。合掌白言。世人惡苦。如
계。여불경법。무득범야。미륵보살。합장백언。세인악고。여

是如是。佛皆慈哀。悉度脫之。受佛重誨。不敢違失。
시여시。불개자애。실도탈지。수불중회。불감위실。

禮佛現光第三十八
예불현광제삼십팔

佛告阿難。若曹欲見無量清淨平等覺。及諸菩薩。阿羅漢等所
불고아난。약조욕견무량청정평등각。급제보살。아라한등소

居國土。應起西向。當日沒處。恭敬頂禮。稱念南無阿彌陀佛。
거국토。응기서향。당일몰처。공경정례。칭념나무아미타불。

阿難即從座起。面西合掌。頂禮白言。我今願見極樂世界阿彌
아난즉종좌기。면서합장。정례백언。아금원견극락세계아미

陀佛。供養奉事。種諸善根。頂禮之間。忽見阿彌陀佛。容顏廣
타불。공양봉사。종제선근。정례지간。홀견아미타불。용안광

大。色相端嚴。如黃金山。高出一切諸世界上。又聞十方世界
대。색상단엄。여황금산。고출일체제세계상。우문시방세계

諸佛如來。稱揚讚歎阿彌陀佛種種功德。無礙無斷。阿難白
제불여래。칭양찬탄아미타불종종공덕。무애무단。아난백

言。彼佛淨刹。得未曾有。我亦願樂生於彼土。世尊告言。其中
언。피불정찰。득미증유。아역원요생어피토。세존고언。기중

生者。已曾親近無量諸佛。植衆德本。汝欲生彼。應當一心歸
생자。이증친근무량제불。식중덕본。여욕생피。응당일심귀

依瞻仰。作是語時。阿彌陀佛即於掌中放無量光。普照一切諸
의첨앙。작시어시。아미타불즉어장중방무량광。보조일체제

佛世界。時諸佛國皆悉明現。如處一尋。以阿彌陀佛殊勝光
불세계。시제불국개실명현。여처일심。이아미타불수승광

明。極清淨故。於此世界所有黑山。雪山。金剛。鐵圍大小諸
명。극청정고。어차세계소유흑산。설산。금강。철위대소제

山。江河。叢林。天人宮殿。一切境界。無不照見。譬如日出。明
산。강하。총림。천인궁전。일체경계。무불조견。비여일출。명

照世間。乃至泥犁。溪谷。幽冥之處。悉大開闢。皆同一色。猶
조세간。내지니리。계곡。유명지처。실대개벽。개동일색。유

如劫水彌滿世界。其中萬物。沉沒不現。滉瀁浩汗。唯見大水。
여겁수미만세계。기중만물。침몰불현。황양호한。유견대수。

彼佛光明。亦復如是。聲聞。菩薩一切光明悉皆隱蔽。唯見佛
피불광명。역부여시。성문。보살일체광명실개은폐。유견불

光。明耀顯赫。此會四衆。天龍八部。人非人等。皆見極樂世
광。명요현혁。차회사중。천룡팔부。인비인등。개견극락세

界。種種莊嚴。阿彌陀佛於彼高座。威德巍巍。相好光明。聲
계。종종장엄。아미타불어피고좌。위덕외외。상호광명。성

聞。菩薩。圍繞恭敬。譬如須彌山王。出於海面。明現照耀。清
문。보살。위요공경。비여수미산왕。출어해면。명현조요。청

淨平正。無有雜穢。及異形類。唯是衆寶莊嚴。聖賢共住。阿難
정평정。무유잡예。급이형류。유시중보장엄。성현공주。아난

及諸菩薩衆等。皆大歡喜。踊躍作禮。以頭著地。稱念南無阿
급제보살중등。개대환희。용약작례。이두착지。칭념남무아

彌陀三藐三佛陀。諸天人民。以至蜎飛蠕動。睹斯光者。所有
미타삼먁삼불타。제천인민。이지연비연동。도사광자。소유

疾苦。莫不休止。一切憂惱。莫不解脫。悉皆慈心作善。歡喜快
질고。막불휴지。일체우뇌。막불해탈。실개자심작선。환희쾌

樂。鐘磬。琴瑟。箜篌樂器。不鼓自然皆作五音。諸佛國中。諸
락。종경。금슬。공후악기。불고자연개작오음。제불국중。제

天人民。各持花香。來於虛空。散作供養。爾時極樂世界。過於
천인민。각지화향。내어허공。산작공양。이시극락세계。과어

西方百千俱胝那由他國。以佛威力。如對目前。如淨天眼觀一
서방백천구지나유타국。이불위력。여대목전。여정천안관일

尋地。彼見此土。亦復如是。悉睹娑婆世界。釋迦如來。及比丘
심지。피견차토。역부여시。실도사파세계。석가여래。급비구

衆。圍繞說法。
중。위요설법。

慈氏述見第三十九
자씨술견제삼십구

爾時佛告阿難。及慈氏菩薩。汝見極樂世界宮殿。樓閣。泉池。
이시불고아난。급자씨보살。여견극락세계궁전。누각。천지。

林樹。具足微妙。清淨莊嚴不。汝見欲界諸天。上至色究竟天。
임수。구족미묘。청정장엄부。여견욕계제천。상지색구경천。

雨諸香華。遍佛剎不。阿難對曰。唯然已見。汝聞阿彌陀佛大
우제향화。편불찰부。아난대왈。유연이견。여문아미타불대

音宣布一切世界。化衆生不。阿難對曰。唯然已聞。佛言。汝見
음선포일체세계。화중생부。아난대왈。유연이문。불언。여견

彼國淨行之衆。遊處虛空。宮殿隨身。無所障礙。遍至十方供
피국정행지중。유처허공。궁전수신。무소장애。편지시방공

養諸佛不。及見彼等念佛相續不。復有衆鳥住虛空界。出種種
양제불부。급견피등념불상속부。부유중조주허공계。출종종

音。皆是化作。汝悉見不。慈氏白言。如佛所說一一皆見。佛告
음。개시화작。여실견부。자씨백언。여불소설일일개견。불고

彌勒。彼國人民有胎生者。汝復見不。彌勒白言。世尊。我見極
미륵。피국인민유태생자。여부견부。미륵백언。세존。아견극

樂世界人住胎者。如夜摩天。處於宮殿。又見衆生。於蓮華內
락세계인주태자。여야마천。처어궁전。우견중생。어연화내

結跏趺坐。自然化生。何因緣故。彼國人民有胎生者。有化生者。
결가부좌。자연화생。하인연고。피국인민유태생자。유화생자。

邊地疑城第四十
변지의성제사십

佛告慈氏。若有衆生。以疑惑心修諸功德。願生彼國。不了佛
불고자씨。약유중생。이의혹심수제공덕。원생피국。불료불

智。不思議智。不可稱智。大乘廣智。無等無倫最上勝智。於此
지。부사의지。불가칭지。대승광지。무등무륜최상승지。어차

諸智疑惑不信。猶信罪福。修習善本。願生其國。復有衆生。積
제지의혹불신。유신죄복。수습선본。원생기국。부유중생。적

集善根。希求佛智。普遍智。無等智。威德廣大不思議智。於自
집선근。희구불지。보편지。무등지。위덕광대부사의지。어자

善根。不能生信。故於往生清淨佛國。意志猶豫。無所專據。然
선근。불능생신。고어왕생청정불국。의지유예。무소전거。연

猶續念不絕。結其善願為本。續得往生。是諸人等。以此因緣
유속념부절。결기선원위본。속득왕생。시제인등。이차인연

雖生彼國。不能前至無量壽所。道止佛國界邊。七寶城中。佛
수생피국。불능전지무량수소。도지불국계변。칠보성중。불

不使爾。身行所作。心自趣向。亦有寶池蓮華。自然受身。飲食
부사이。신행소작。심자취향。역유보지련화。자연수신。음식

快樂。如忉利天。於其城中。不能得出。所居舍宅在地。不能隨
쾌락。여도리천。어기성중。불능득출。소거사택재지。불능수

意高大。於五百歲。常不見佛。不聞經法。不見菩薩。聲聞聖
의고대。어오백세。상불견불。불문경법。불견보살。성문성

眾。其人智慧不明。知經復少。心不開解。意不歡樂。是故於彼
중。기인지혜불명。지경부소。심불개해。의불환락。시고어피

謂之胎生。若有眾生。明信佛智。乃至勝智。斷除疑惑。信己善
위지태생。약유중생。명신불지。내지승지。단제의혹。신기선

根。作諸功德。至心迴向。皆於七寶華中自然化生。跏趺而坐。
근。작제공덕。지심회향。개어칠보화중자연화생。가부이좌。

須臾之頃。身相光明。智慧功德。如諸菩薩。具足成就。彌勒當
수유지경。신상광명。지혜공덕。여제보살。구족성취。미륵당

知。彼化生者。智慧勝故。其胎生者。五百歲中。不見三寶。不
지。피화생자。지혜승고。기태생자。오백세중。불견삼보。부

知菩薩法式。不得修習功德。無因奉事無量壽佛。當知此人。
지보살법식。부득수습공덕。무인봉사무량수불。당지차인。

宿世之時。無有智慧。疑惑所致。
숙세지시。무유지혜。의혹소치。

惑盡見佛第四十一
혹진견불제사십일

譬如轉輪聖王。有七寶獄。王子得罪。禁閉其中。層樓綺殿。寶
비여전륜성왕。유칠보옥。왕자득죄。금폐기중。층루기전。보

帳金床。欄窗榻座。妙飾奇珍。飲食衣服。如轉輪王。而以金鎖
장금상。난창탑좌。묘식기진。음식의복。여전륜왕。이이금쇄

繫其兩足。諸小王子寧樂此不。慈氏白言。不也世尊。彼幽縶
계기양족。제소왕자영락차부。자씨백언。불야세존。피유집

時。心不自在。但以種種方便。欲求出離。求諸近臣。終不從
시。심부자재。단이종종방편。욕구출리。구제근신。종부종

心。輪王歡喜。方得解脫。佛告彌勒。此諸眾生。亦復如是。若
심。윤왕환희。방득해탈。불고미륵。차제중생。역부여시。약

有墮於疑悔。希求佛智。至廣大智。於自善根。不能生信。由聞
유타어의회。희구불지。지광대지。어자선근。불능생신。유문

佛名起信心故。雖生彼國。於蓮華中不得出現。彼處華胎。猶
불명기신심고。수생피국。어연화중부득출현。피처화태。유

如園苑宮殿之想。何以故。彼中清淨。無諸穢惡。然於五百歲
여원원궁전지상。하이고。피중청정。무제예악。연어오백세

中。不見三寶。不得供養奉事諸佛。遠離一切殊勝善根。以此
중。불견삼보。부득공양봉사제불。원리일체수승선근。이차

為苦。不生欣樂。若此衆生識其罪本。深自悔責。求離彼處。往
위고。불생흔락。약차중생식기죄본。심자회책。구리피처。왕

昔世中。過失盡已。然後乃出。即得往詣無量壽所。聽聞經法。
석세중。과실진이。연후내출。즉득왕예무량수소。청문경법。

久久亦當開解歡喜。亦得遍供無數無量諸佛。修諸功德。汝阿
구구역당개해환희。역득편공무수무량제불。수제공덕。여아

逸多。當知疑惑於諸菩薩爲大損害。爲失大利。是故應當明信
일다。당지의혹어제보살위대손해。위실대리。시고응당명신

諸佛無上智慧。慈氏白言。云何此界一類衆生。雖亦修善。而
제불무상지혜。자씨백언。운하차계일류중생。수역수선。이

不求生。佛告慈氏。此等衆生。智慧微淺。分別西方。不及天
불구생。불고자씨。차등중생。지혜미천。분별서방。불급천

界。是以非樂。不求生彼。慈氏白言。此等衆生。虛妄分別。不
계。시이비락。불구생피。자씨백언。차등중생。허망분별。불

求佛刹。何免輪迴。佛言。彼等所種善根。不能離相。不求佛
구불찰。하면윤회。불언。피등소종선근。불능리상。불구불

慧。深著世樂。人間福報。雖復修福。求人天果。得報之時。一
혜。심착세락。인간복보。수부수복。구인천과。득보지시。일

切豐足。而未能出三界獄中。假使父母。妻子。男女眷屬欲相
체풍족。이미능출삼계옥중。가사부모。처자。남녀권속욕상

救免。邪見業王。未能捨離。常處輪迴。而不自在。汝見愚癡之
구면。사견업왕。미능사리。상처윤회。이부자재。여견우치지

人。不種善根。但以世智聰辯。增益邪心。云何出離生死大難。
인。불종선근。단이세지총변。증익사심。운하출리생사대난。

復有衆生。雖種善根。作大福田。取相分別。情執深重。求出輪
부유중생。수종선근。작대복전。취상분별。정집심중。구출윤

迴。終不能得。若以無相智慧。植衆德本。身心淸淨。遠離分
회。종불능득。약이무상지혜。식중덕본。신심청정。원리분

別。求生淨刹。趣佛菩提。當生佛刹。永得解脫。
별。구생정찰。취불보리。당생불찰。영득해탈。

菩薩往生第四十二
보살왕생제사십이

彌勒菩薩白佛言。今此娑婆世界。及諸佛刹不退菩薩當生極
미륵보살백불언。금차사바세계。급제불찰불퇴보살당생극

樂國者。其數幾何。佛告彌勒。於此世界。有七百二十億菩薩。
락국자。기수기하。불고미륵。어차세계。유칠백이십억보살。

已曾供養無數諸佛。植衆德本。當生彼國。諸小行菩薩。修習
이증공양무수제불。식중덕본。당생피국。제소행보살。수습

功德。當往生者。不可稱計。不但我刹諸菩薩等。往生彼國。他
공덕。당왕생자。불가칭계。부단아찰제보살등。왕생피국。타

方佛土亦復如是。從遠照佛刹。有十八俱胝那由他菩薩摩訶
방불토역부여시。종원조불찰。유십팔구지나유타보살마하

薩。生彼國土。東北方寶藏佛刹。有九十億不退菩薩。當生彼
살。생피국토。동북방보장불찰。유구십억불퇴보살。당생피

國。從無量音佛刹。光明佛刹。龍天佛刹。勝力佛刹。師子佛
국。종무량음불찰。광명불찰。용천불찰。승력불찰。사자불

刹。離塵佛刹。德首佛刹。仁王佛刹。華幢佛刹。不退菩薩當
찰。이진불찰。덕수불찰。인왕불찰。화당불찰。불퇴보살당

往生者。或數十百億。或數百千億。乃至萬億。其第十二佛名
왕생자。혹수십백억。혹수백천억。내지만억。기제십이불명

無上華。彼有無數諸菩薩眾。皆不退轉。智慧勇猛。已曾供養
무상화。피유무수제보살중。개불퇴전。지혜용맹。이증공양

無量諸佛。具大精進。發趣一乘。於七日中。即能攝取百千億
무량제불。구대정진。발취일승。어칠일중。즉능섭취백천억

劫。大士所修堅固之法。斯等菩薩。皆當往生。其第十三佛名
겁。대사소수견고지법。사등보살。개당왕생。기제십삼불명

曰無畏。彼有七百九十億大菩薩眾。諸小菩薩及比丘等。不可
왈무외。피유칠백구십억대보살중。제소보살급비구등。불가

稱計。皆當往生。十方世界諸佛名號及菩薩眾當往生者。但說
칭계。개당왕생。시방세계제불명호급보살중당왕생자。단설

其名。窮劫不盡。
기명。궁겁부진。

非是小乘第四十三
비시소승제사십삼

佛告慈氏。汝觀彼諸菩薩摩訶薩。善獲利益。若有善男子。善
불고자씨。여관피제보살마하살。선획이익。약유선남자。선

女人。得聞阿彌陀佛名號。能生一念喜愛之心。歸依瞻禮。如
여인。득문아미타불명호。능생일념희애지심。귀의첨례。여

說修行。當知此人為得大利。當獲如上所說功德。心無下劣。
설수행。당지차인위득대리。당획여상소설공덕。심무하열。

亦不貢高。成就善根。悉皆增上。當知此人非是小乘。於我法
역불공고。성취선근。실개증상。당지차인비시소승。어아법

中。得名第一弟子。是故告汝天人世間。阿修羅等。應當愛樂
중。득명제일제자。시고고여천인세간。아수라등。응당애요

修習。生希有心。於此經中生導師想。欲令無量衆生。速疾安
수습。생희유심。어차경중생도사상。욕령무량중생。속질안

住得不退轉。及欲見彼廣大莊嚴。攝受殊勝佛刹。圓滿功德
주득불퇴전。급욕견피광대장엄。섭수수승불찰。원만공덕

者。當起精進。聽此法門。爲求法故。不生退屈諂僞之心。設入
자。당기정진。청차법문。위구법고。불생퇴굴첨위지심。설입

大火。不應疑悔。何以故。彼無量億諸菩薩等。皆悉求此微妙
대화。불응의회。하이고。피무량억제보살등。개실구차미묘

法門。尊重聽聞。不生違背。多有菩薩。欲聞此經而不能得。是
법문。존중청문。불생위배。다유보살。욕문차경이불능득。시

故汝等應求此法。
고여등응구차법。

受菩提記第四十四
수보리기제사십사

若於來世。乃至正法滅時。當有衆生。植諸善本。已曾供養無
약어내세。내지정법멸시。당유중생。식제선본。이증공양무

量諸佛。由彼如來加威力故。能得如是廣大法門。攝取受持。
량제불。유피여래가위력고。능득여시광대법문。섭취수지。

當獲廣大一切智智。於彼法中廣大勝解。獲大歡喜。廣爲他
당획광대일체지지。어피법중광대승해。획대환희。광위타

說。常樂修行。諸善男子及善女人。能於是法。若已求。現求。
설。상락수행。제선남자급선여인。능어시법。약이구。현구。

當求者。皆獲善利。汝等應當安住無疑。種諸善本。應常修習。
당구자。개획선리。여등응당안주무의。종제선본。응상수습。

使無疑滯。不入一切種類珍寶成就牢獄。阿逸多。如是等類大
사무의체。불입일체종류진보성취뇌옥。아일다。여시등류대

威德者。能生佛法廣大異門。由於此法不聽聞故。有一億菩薩
위덕자。능생불법광대이문。유어차법불청문고。유일억보살

退轉阿耨多羅三藐三菩提。若有衆生於此經典。書寫。供養。
퇴전아뇩다라삼막삼보리。약유중생어차경전。서사。공양。

受持。讀誦。於須臾頃為他演說。勸令聽聞。不生憂惱。乃至晝
수지。독송。어수유경위타연설。권령청문。불생우뇌。내지주

夜思惟彼刹。及佛功德。於無上道。終不退轉。彼人臨終。假使
야사유피찰。급불공덕。어무상도。종불퇴전。피인임종。가사

三千大千世界滿中大火。亦能超過。生彼國土。是人已曾值過
삼천대천세계만중대화。역능초과。생피국토。시인이증치과

去佛。受菩提記。一切如來。同所稱讚。是故應當專心信受。持
거불。수보리기。일체여래。동소칭찬。시고응당전심신수。지

誦。說行。
송。설행。

獨留此經第四十五
독류차경제사십오

吾今為諸衆生說此經法。令見無量壽佛。及其國土一切所有。
오금위제중생설차경법。영견무량수불。급기국토일체소유。

所當為者。皆可求之。無得以我滅度之後復生疑惑。當來之世
소당위자。개가구지。무득이아멸도지후부생의혹。당래지세

經道滅盡。我以慈悲哀愍。特留此經止住百歲。其有眾生。值
경도멸진。아이자비애민。특류차경지주백세。기유중생。치

斯經者。隨意所願。皆可得度。如來興世。難值難見。諸佛經
사경자。수의소원。개가득도。여래흥세。난치난견。제불경

道。難得難聞。遇善知識。聞法能行。此亦為難。若聞斯經。信
도。난득난문。우선지식。문법능행。차역위난。약문사경。신

樂受持。難中之難。無過此難。若有眾生得聞佛聲。慈心清淨。
요수지。난중지난。무과차난。약유중생득문불성。자심청정。

踴躍歡喜。衣毛為起。或淚出者。皆由前世曾作佛道。故非凡
용약환희。의모위기。혹루출자。개유전세증작불도。고비범

人。若聞佛號。心中狐疑。於佛經語都無所信。皆從惡道中來。
인。약문불호。심중호의。어불경어도무소신。개종악도중래。

宿殃未盡。未當度脫。故心狐疑。不信向耳。
숙앙미진。미당도탈。고심호의。불신향이。

勤修堅持第四十六
근수견지제사십육

佛告彌勒。諸佛如來無上之法。十力無畏。無礙無著甚深之
불고미륵。제불여래무상지법。십력무외。무애무착심심지

法。及波羅密等菩薩之法。非易可遇。能說法人。亦難開示。堅
법。급바라밀등보살지법。비이가우。능설법인。역난개시。견

固深信。時亦難遭。我今如理宣說如是廣大微妙法門。一切諸
고심신。시역난조。아금여리선설여시광대미묘법문。일체제

佛之所稱讚。咐囑汝等。作大守護。為諸有情長夜利益。莫令
불지소칭찬。부촉여등。작대수호。위제유정장야이익。막령

眾生淪墮五趣。備受危苦。應勤修行。隨順我教。當孝於佛。常
중생윤타오취。비수위고。응근수행。수순아교。당효어불。상

念師恩。當令是法久住不滅。當堅持之。無得毀失。無得為妄。
념사은。당령시법구주불멸。당견지지。무득훼실。무득위망。

增減經法。常念不絕。則得道捷。我法如是。作如是說。如來所
증감경법。상념부절。칙득도첩。아법여시。작여시설。여래소

行。亦應隨行。種修福善。求生淨剎。
행。역응수행。종수복선。구생정찰。

福慧始聞第四十七
복혜시문제사십칠

爾時世尊而說頌曰。
이시세존이설송왈。

若不往昔修福慧　於此正法不能聞
약불왕석수복혜　어차정법불능문

已曾供養諸如來　則能歡喜信此事
이증공양제여래　즉능환희신차사

惡驕懈怠及邪見　難信如來微妙法
악교해태급사견　난신여래미묘법

譬如盲人恆處闇　不能開導於他路
비여맹인항처암　불능개도어타로

唯曾於佛植眾善　救世之行方能修
유증어불식중선　구세지행방능수

聞已受持及書寫　讀誦讚演并供養
문이수지급서사　독송찬연병공양

如是一心求淨方　決定往生極樂國
여시일심구정방　결정왕생극락국

假使大火滿三千　乘佛威德悉能超
가사대화만삼천　승불위덕실능초

如來深廣智慧海　唯佛與佛乃能知
여래심광지혜해　유불여불내능지

聲聞億劫思佛智　盡其神力莫能測
성문억겁사불지　진기신력막능측

如來功德佛自知　唯有世尊能開示
여래공덕불자지　유유세존능개시

人身難得佛難值　信慧聞法難中難
인신난득불난치　신혜문법난중난

若諸有情當作佛　行超普賢登彼岸
약제유정당작불　행초보현등피안

是故博聞諸智士　應信我教如實言
시고박문제지사　응신아교여실언

如是妙法幸聽聞　應常念佛而生喜
여시묘법행청문　응상염불이생희

受持廣度生死流　佛說此人真善友
수지광도생사류　불설차인진선우

聞經獲益第四十八
문경획익제사십팔

爾時世尊說此經法。天人世間有萬二千那由他億衆生。遠離
이시세존설차경법。천인세간유만이천나유타억중생。원리

塵垢。得法眼淨。二十億眾生。得阿那含果。六千八百比丘。諸
진구。득법안정。이십억중생。득아나함과。육천팔백비구。제

漏已盡。心得解脫。四十億菩薩。於無上菩提住不退轉。以弘
루이진。심득해탈。사십억보살。어무상보리주불퇴전。이홍

誓功德而自莊嚴。二十五億眾生。得不退忍。四萬億那由他百
서공덕이자장엄。이십오억중생。득불퇴인。사만억나유타백

千眾生。於無上菩提未曾發意。今始初發。種諸善根。願生極
천중생。어무상보리미증발의。금시초발。종제선근。원생극

樂。見阿彌陀佛。皆當往生彼如來土。各於異方次第成佛。同
락。견아미타불。개당왕생피여래토。각어이방차제성불。동

名妙音如來。復有十方佛剎。若現在生。及未來生。見阿彌陀
명묘음여래。부유십방불찰。야현재생。급미래생。견아미타

佛者。各有八萬俱胝那由他人。得受記法忍。成無上菩提。彼
불자。각유팔만구지나유타인。득수기법인。성무상보리。피

諸有情。皆是阿彌陀佛宿願因緣。俱得往生極樂世界。爾時三
제유정。개시아미타불숙원인연。구득왕생극락세계。이시삼

千大千世界。六種震動。并現種種希有神變。放大光明。普照
천대천세계。육종진동。병현종종희유신변。방대광명。보조

十方。復有諸天於虛空中。作妙音樂。出隨喜聲。乃至色界諸
십방。부유제천어허공중。작묘음악。출수희성。내지색계제

天悉皆得聞。歎未曾有。無量妙花紛紛而降。尊者阿難。彌勒
천실개득문。탄미증유。무량묘화분분이강。존자아난。미륵

菩薩。及諸菩薩。聲聞。天龍八部。一切大眾。聞佛所說。皆大
보살。급제보살。성문。천룡팔부。일체대중。문불소설。개대

歡喜。信受奉行。
환희。신수봉행。

발일체업장근본득생정토다라니
拔一切業障根本得生淨土多羅尼

나무 아미다바야 다타가다야 다지야타 아미리 도바
비 아미리다 싣담바비 아미리다 비가란제 아미리다
비가란다 가미니 가가나 지다가리 사바하

나 무 아 미 다 바 야　다 타 가 다 야　다 지 야 타　아 미 리　도
南無阿彌多婆夜　哆他伽多夜　哆地夜他　阿彌唎　都
바 비　아 미 리 다　싣 담 바 비　아 미 리 다　비 가 란 제　아 미
婆毗　阿彌唎哆　悉耽婆毗　阿彌唎哆　毗迦蘭帝　阿彌
리 다　비 가 란 다　가 미 니　가 가 나　지 다 가 리　사 바 하
唎哆　毗迦蘭多　伽彌膩　伽伽那　枳多迦利　娑婆訶
(세 번)

찬불게 讚佛偈

阿彌陀佛身金色 　아미타불신금색
相好光明無等倫 　상호광명무등륜
白毫宛轉五須彌 　백호완전오수미
紺目澄淸四大海 　감목징청사대해
光中化佛無數億 　광중화불무수억
化菩薩衆亦無邊 　화보살중역무변
四十八願度衆生 　사십팔원도중생
九品咸令登彼岸 　구품함령등피안

南無西方極樂世界 　나무서방극락세계
大慈大悲阿彌陀佛 　대자대비아미타불
南無阿彌陀佛 　나무아미타불 ~

(염불 수에 따라 백 번 내지 천 번 하고 다시 4자염불로 바꾼다)

아미타불 阿彌陀佛
(백 · 천 번)

南無觀世音菩薩 나무관세음보살
南無大勢至菩薩 나무대세지보살
南無淸靜大海衆菩薩 나무청정대해중보살
(세 번)

유원 唯願

천하화순 일월청명 풍우이시 재려불기
天下和順 日月淸明 風雨以時 災厲不起

국풍민안 병과무용 숭덕흥인 무수례양
國豐民安 兵戈無用 崇德興仁 務修禮讓

국무도적 민무원왕 강불릉약 각득기소
國無盜賊 民無怨枉 強不凌弱 各得其所

병원이인행공덕 회향법계일체유정 소유육
並願以即行功德 回向法界一切有情 所有六

도사생 숙세원친 현세업채 함빙법력 실득해
道四生 宿世冤親 現世業債 咸憑法力 悉得解

탈 현재자증복연수 이고자왕생정토 동출고
脫 現在者增福延壽 已故者往生淨土 同出苦

륜 공등각안
輪 共登覺岸

삼귀의 三歸依

自歸依佛當願衆生 紹隆佛種發無上心
자귀의불당원중생 소륭불종발무상심

(절하고 일어난다)

自歸依法當願衆生 深入經藏智慧如海
자귀의법당원중생 심입경장지혜여해

(절하고 일어난다)

自歸依僧當願衆生 統理大衆一切無礙 和南聖衆
자귀의승당원중생 통리대중일체무애 화남성중

(절하고 일어난다) (합장하고 인사한다)

회향게 廻向偈

願以此功德 莊嚴佛淨土
원이차공덕 장엄불정토

上報四重恩 下濟三塗苦
상보사중은 하제삼도고

若有見聞者 悉發菩提心
약유견문자 실발보리심

盡此一報身 同生極樂國
진차일보신 동생극락국

출가자든, 재가자든, 남자든, 여자든 상관없이
모두 이 경전을 독송하지 않을 수 없습니다.
왜냐하면 세 가지 근기를 두루 덮어주기 때문입니다.
온갖 병을 치료할 수 있으며,
고통을 뽑아내고 즐거움을 베풀어 주기 때문입니다.
어둠을 깨뜨리는 밝은 등불이고,
업의 바다를 건너는 자비의 배이기 때문입니다.
실로 일승요의一乘了義이고,
모든 선업·선행(萬善)의 총문總門이기 때문입니다.
그래서 시방세계 제불께서 찬탄하기 때문입니다.
- 하련거夏蓮居 거사 〈무량수경 합찬合讚〉

노향찬 爐香讚

향로에 향을 사루니
법계에 향기가 가득
부처님 회상에 두루 퍼져서
가는 곳마다 상서구름 맺히나이다.
저희 정성 간절하오니
부처님 강림하옵소서.

나무향운개 보살마하살
나무향운개 보살마하살
나무향운개 보살마하살

연지찬 蓮池讚

연지해회 아미타부처님

관세음보살 · 대세지보살
연화대 앉아계시며
저희들 접인해 황금계단
오르게 하시나이다.

원하옵건대, 큰 서원 널리 여시어
저희들 티끌세상 여의게 하옵소서.
　　나무연지해회 보살마하살
　　나무연지해회 보살마하살
　　나무연지해회 보살마하살

나무본사석가모니불

(세 번)

개경게 開經偈

위없이 깊고 깊은 미묘한 법문
백천만 겁에도 만나기 어려워라
제가 지금 듣고 보아 수지하오니
여래의 진실한 뜻 알아지이다

불설대승무량수장엄청정평등각경

제1품 법회에 모인 성중
이와 같이 나는 들었다. 한때 부처님께서 왕사성 기사굴산에 머무르사, 큰 비구 대중 1만 2천 인과 함께 계셨으니, 이들은 모두 대성인들로 신통에 이미 통달하였다. 그 이름은 존자 교진여·존자 사리불·존자 대목건련·존자 가섭·존자 아난 등이었고, 이들이 상수가 되었다.
또한 보현보살·문수사리보살·미륵보살 및 현겁 중의 일체 보살들도 모두 법회에 와서 모여 계셨다.

제2품 보현대사의 덕을 좇아 수학하다
또한 현호보살 등 16정사들도 함께 계셨으니, 이를테면 선사유보살·혜변재보살·관무주보살·신통화보살·광영보살·보당보살·지상보살·적근보살·신혜보살·원혜보살·향상보살·보영보살·중주보살·제행보살·해탈보살 등이었고, 이들이 상수가 되었다.
그 보살들께서는 다 함께 보현대사의 덕을 좇아서 수학하시고, 무량한 행원을 구족하여 일체 공덕 법 가운데 안온히 머물러 계신다. 또 시방세계에 두루 다니면서 선교방편을 실행하시고, 부처님의 법장에 들어가 구경열반의 피안에 도달하시며, 무량한 세계에서 등정각을 성취하기를 발원하신다.

또한 도솔천을 포기하고 왕궁으로 내려와, 왕위를 버리고 출가하여 고행하며 성불의 도를 배우시니, 이와 같이 시현하심은 세간에 수순하시고자 하는 까닭이다. 선정과 지혜의 힘으로 마구니와 원수를 항복시키고, 미묘한 법문을 얻어 최상의 정각을 성취하신다.

이때 천인들이 귀의하고 우러러보며, 법륜을 굴려 주시기를 청하자 항상 법음으로 일체 세간을 깨우쳐주신다.

대보살들께서는 번뇌의 성을 부수고 여러 탐욕의 구덩이를 허물어서 마음의 더러운 때를 씻어주시고, 청정·순백한 자성을 드러내 밝혀주신다.

또한 중생을 훈육시키시나니, 미묘한 이치를 펼쳐 보이시고, 공덕을 쌓고 복전을 가리켜 보이시며, (여래의 미묘한) 일체 법약으로써 삼계 중생의 생사 고를 돌보고 치료하여 주신다.

또한 대보살들께서는 (무량한 보살을) 관정의 계위에 오르게 하여 보리수기를 받게 하시고, 다른 보살들을 가르치기 위해 아사려의 모습으로 나타나서 불법을 끊임없이 학습하여 가없는 제행에 상응하도록 하시며 보살로서의 가없는 선근을 성숙시켜 주시니, 무량제불께서 다 함께 호념하신다.

또한 시방 제불찰토 어느 곳에서나 모습을 나타내실 수 있나니, 비유컨대 뛰어난 마술사가 온갖 다른 모습으로 변화하여 나타날 수 있지만, 그 나타난 모습 가운데 실로 얻을 것이 없는 것처럼 이 법회에 모인 여러 보살들도 또한 이와 같다.

대보살들께서는 제법의 자성본체와 여러 중생의 근성을 통달하여 또렷하게 아시고, 또한 일체 제불께 공양을 올리고 모든 중생에게 설법하여 이끌어 주시며, 그 몸을 번갯불처럼 신속하게 화현하시어 마견의 그물을 찢어버리고, 여러 번뇌의 속박을 풀어주신다. 또한 성문·벽지불의 경지를 멀리 뛰어넘고, 공·무상·무원의 해탈법문을 증득해 들어가 선교방편을 세워서 삼승을 드러내 보여주신다. 중근기·하근기 중생에게는 멸도에 드시는 모습을 나타내 보여주신다.

대보살들께서는 생함도 멸함도 없는 여러 삼마지를 얻으시고, 또 일체 다라니 문을 얻으시며, 수시로 화엄삼매에 깨달아 들어가 무량한 총지와 수백 수천 삼매를 구족하신다. 자성본연의 깊은 선정에 머물러서 무량 제불을 빠짐없이 다 친견하시고, 일념의 짧은 순간에 일체 불국토를 두루 다니신다.

또한 부처님의 변재를 얻어서 보현행에 머물러 계시고, 중생의 언어를 잘 분별할 수 있으며, 진실의 궁극에 개시오입함을 나타내 보이시고, 세간의 일체 제법을 뛰어넘으신다.

대보살들께서는 그 마음이 늘 진실로 세간 사람들을 제도하는 도에 머물러 계시고 일체 만물에 대하여 뜻하는 대로 자재하시다. 또한 모든 중생 부류를 위해 청하지 않아도 좋은 벗이 되어 여래의 깊고 깊은 법장을 수지하게 하시고, 부처님의 종성을 보호하여 항상 끊어지지 않도록 하신다.

대보살들께서는 대비심을 일으켜서 유정을 불쌍히 여기시고, 자비한 변재로 연설하여 중생에게 법안을 뜨게 하시며, 삼악도의 길을 막고 삼선도의 문을 열어주신다. 또한 모든 중생을 자신처럼 여겨서 제도하고 중생의 짐을 지고서 모두 열반의 피안에 이르게 하시며, (중생 한 사람 한 사람) 빠짐없이 다 제불의 무량공덕과 거룩하고 밝은 지혜를 얻도록 하시니, (그 지혜와 공덕은 무량무변하여) 불가사의하다.

이와 같은 등 여러 대보살들께서 무량무변하셨다. 한때 (세존께서 무량수경을 설하시니) 모두 와서 법회에 모여 계셨다. 또한 비구니 5백 명과 청신사 7천 명·청신녀 5백 명, 그리고 욕계천·색계천·제천의 범중들도 다 같이 큰 법회에 모여 있었다.

제3품 큰 가르침 베푸신 인연

이때 세존께서 위덕 광명을 혁혁하게 놓으시니, 마치 황금덩어리가 녹아서 아름답게 빛나는 듯이 또 맑은 거울에 영상이 안팎으로 비치는 듯이 큰 광명이 수천백 가지로 변화하며 나타났다.

아난존자는 곧 스스로 생각하기를, '오늘 세존께서는 온몸에 기쁨이 넘쳐나고 육근이 청정하며, 얼굴에 위엄이 빛나서 그 가운데 보배 찰토의 장엄을 나타내시니, 과거 이래로 일찍이

본 적이 없도다.'

이에 기쁜 마음으로 세존을 우러러 보니, 희유한 마음이 일어나서 바로 자리에서 일어나 오른쪽 어깨를 드러내고, 무릎 꿇고서 합장하며 부처님께 아뢰기를, "세존이시여! 오늘 세존께서는 대적정에 드시어 기묘하고 특별한 법에 머물러 계시나니, 제불께서 머무시는 대도사의 행, 가장 수승한 도법에 머물러 계시옵니다. 과거·미래·현재의 부처님과 부처님께서 서로 억념한다고 하셨는데, 세존께서는 오늘 과거·미래의 제불을 억념하고 계시옵니까? 아니면 현재 타방에 계시는 제불을 억념하고 계시옵니까? 무슨 이유로 오늘 세존께서 위신력을 눈부시게 드러내시고, 광명과 상서의 수승하고 미묘함이 이와 같사옵니까? 원하옵건대, 저희들을 위하여 상세하게 말씀하여 주시옵소서."

이에 세존께서는 아난에게 말씀하시기를, "훌륭하고 훌륭하다! 그대는 여러 중생을 불쌍히 여겨서 그들에게 이롭고 그들이 좋아하도록 이와 같이 미묘한 뜻을 잘 물었도다. 그대가 지금 이와 같이 질문한 것은 일천하의 아라한과 벽지불에게 공양하고, 누겁 동안 제천·세간 사람들과 기거나 날거나 꿈틀거리는 벌레의 부류들에게 보시하는 것보다 그 공덕이 백천만 배나 수승하느니라.

왜 그러한가? 오는 세상에 제천·사람들과 일체 함령들이 모두 그대의 질문으로 인해 해탈을 얻게 될 것이기 때문이니라.

아난아, 여래께서는 그지없는 대비심으로 삼계 중생을 가엾이 여기시어 세상에 출현하시느니라. 지혜를 천양하고 진여실상을 가르쳐서 괴로움으로부터 중생을 제도하시고, 그들에게 진실의 이익을 베풀어 주시느니라. 이 법을 만나기 어렵고 여래를 친견하기 어려운 것은 마치 우담바라꽃이 희유하게 출현하는 것과 같으니라. 지금 그대가 묻는 것은 중생을 크게 이롭게 하리라.

아난아, 여래의 정각은 그 지혜가 헤아리기 어렵고 걸림이 없어서 일념의 짧은 순간에 무량억겁에 머물 수 있고, 몸과 육근은 늘어나지도 줄어들지도 않음을 알아야 하느니라. 왜 그러한가? 여래는 선정과 지혜가 구경까지 펼쳐져 끝이 없으며, 일체 법에 가장 수승한 자재를 얻을 수 있기 때문이니라. 아난아, 자세히 듣고서 잘 사유하고 억념하라! 내 마땅히 그대를 위하여 분별하여 해설하리라."

제4품 법장비구께서 발심수학한 인연
부처님께서 아난에게 말씀하시기를, "과거 무량 불가사의 무앙수 겁 이전에 부처님께서 세상에 출현하셨나니, 이름이 세간자재왕여래 · 응공 · 등정각 · 명행족 · 선서 · 세간해 · 무상사 · 조어장부 · 천인사 · 불세존으로 42겁 동안 세상에 머물러 계시면서 가르침을 펼치셨느니라. 이때 제천과 세간 사람들을 위하여 경전을 강설하시고 불도를 말씀하셨느니라.

그때 큰 나라의 왕이 있었으니, 이름이 세요왕으로 부처님의 설법을 듣고 법안이 열려서 환희심에 위없는 진정한 도에 이르려는 뜻을 일으켰느니라. 그리하여 국왕의 자리를 버리고 출가하여 사문이 되었으니, 명호가 법장이었고 보살도를 닦았느니라.

법장비구는 뛰어난 재주와 용맹 명석함이 세간 사람을 뛰어넘었고, 믿음·이해·명확한 기억력이 모두 다 제일이었느니라. 또한 수승한 행원 및 염혜력을 지니고 있어 그 마음을 증상케 하여 견고하고 흔들리지 않았으며, 수행정진이 그를 앞지르는 자가 없었느니라.

그는 부처님의 처소로 가서 정례하고, 무릎 꿇고 부처님을 향하여 합장하며, 가타로써 부처님을 찬양하고 광대한 원을 발하였느니라. 게송으로 말하기를,

여래의 미묘한 상호, 단정 장엄하여
일체 세간에 견줄 사람이 없사옵니다.
여래의 무량한 광명, 시방세계를 비추니
해와 달, 불과 보석 모두 빛을 감추고 맙니다.
세존께서는 하나의 언어로 연설하시어
유정이 각자 자신의 언어로 이해하도록 하시고,
또한 하나의 미묘한 색신을 나타내시어 중생이 각자의 부류에 따라서 보도록 하시옵니다.

원하옵건대, 제가 부처님의 청정한 음성 얻어서 법음이
가없는 법계에 두루 미치게 하옵소서.
계율·선정·정진의 법문을 선양하여
중생이 깊고 미묘한 법문을 통달하도록 하옵소서.
저의 지혜, 바다처럼 광대하고 깊어지며
저의 마음, 세상 근심 끊어 청정하게 하옵소서.
가없는 악취의 문 뛰어넘어 보리의 구경언덕에 빨리 이르게
하옵소서.
무명과 탐욕·분노, 영원히 없애고
의심과 허물, 삼매의 힘으로 정복하게 하옵소서.
또한 저는 과거 무량제불과 같이
구법계 일체 중생의 대도사가 되어서
생·로·병·사의 온갖 고뇌로부터
일체 세간을 구제할 수 있게 하옵소서.
늘 보시와 지계, 인욕과 정진, 선정과 지혜의 육바라밀을
수행하여 아직 제도 받지 못한 유정은 제도 받게 하옵고
이미 제도 받은 자 성불하도록 하옵소서.
항하사만큼 많은 성인께 공양해도
굳은 결의로 용맹정진하여서 위없는 정각을 구하는 것만
못하옵니다.
원하옵건대, 삼마지에 안온히 머물러
늘 광명 놓아 일체 중생 비추어서 모두 섭수하게 하옵소서.

(저의 서원으로) 광대하고 청정한 국토 감응해 얻으니 그 수승함과 장엄함, 견줄 것이 없사옵니다.

육도에 윤회하는 모든 갈래 중생부류,

저의 찰토에 빨리 태어나 안락케 하시옵고 늘 자비심으로 유정의 고통을 뽑아내어 가없는 고난 중생 다 제도하게 하옵소서.

저의 수행 견고해 흔들리지 않으리니,

부처님 거룩한 지혜로만 증명해 아실 뿐입니다.

설사 제가 여러 괴로움에 빠진다 할지라도 이와 같은 서원·마음에서 영원히 물러나지 않겠나이다.

제5품 지극한 마음으로 정진하다

법장 비구가 이 게송을 읊고 나서 부처님께 아뢰기를, "제가 지금 보살도를 행하고 있고, 이미 무상정각의 마음을 발하였사오니, 이 서원을 성취해 부처가 되고 일체 심행이 부처님과 같아지게 하옵소서.

부처님이시여, 원하옵건대, 저를 위해 경법을 자세히 설해 주시옵소서. 저는 받들어 지녀서 여법하게 수행하여 수고로이 고통 짓는 모든 생사윤회의 근본뿌리를 뽑아버리고, 빨리 무상정등정각을 성취하도록 하겠나이다.

원하옵건대, 제가 부처 될 적에 저의 지혜, 저의 광명, 제가 머무는 국토, 저의 명호가 시방세계에 들리도록 하고, 제천·사람들과 기어 다니고 꿈틀거리는 벌레의 부류들까지도 저의 국토에 와서 태어나 모두 다 보살이 되게 하여 주시옵소서. 제가 세운 이 서원은 모두 무수한 제불국토보다 수승하나니, 어찌 이 서원을 이룰 수 있겠사옵니까?"

세간자재왕 부처님께서 곧 법장 비구를 위해 경을 설하시면서 말씀하시기를, "비유컨대, 마치 한 사람이 큰 바닷물을 한 말씩 헤아려 몇 겁의 세월이 지나면 마침내 그 바닥이 다 드러날 수 있는 것처럼, 누구라도 지극한 마음으로 도를 구하기를 정진해 그치지 않으면 마땅히 불과를 증득할 수 있나니, 어떤 서원인들 이루지 못하겠는가!

그대는 어떤 방편을 닦아야 불국토의 장엄을 이룰 수 있는지 스스로 사유해보고, 그대가 수행하고자 하는 방법을 스스로 알아야 하며, 청정한 불국토를 스스로 섭수해야 하느니라."

법장 비구가 부처님께 아뢰기를, "그 뜻은 크고 깊어서 저의 경계가 아니옵니다. 오직 여래·응공·정변지께서 무량하고 미묘한 제불찰토를 널리 연설하여 주시옵소서. 제가 만약 이와 같은 법을 듣게 된다면 사유하고 수습하여 맹세코 저의 서원을 이루겠나이다."

세간자재왕 부처님께서는 그의 덕행이 높고 지혜가 밝으며, 뜻과 원이 깊고 넓음을 아시고, 그를 위해 210억 제불찰토의 공덕·장엄과 청정·광대·원만한 모습을 상세하게 말씀하여 주셨고, 그 심원에 응하기 위해 제불찰토를 빠짐없이 다 보여

주시니, 부처님께서 이 법을 설하실 때 천억 년의 세월이 흘렀느니라.

그때 법장 비구는 부처님의 설법을 듣고, 제불찰토를 빠짐없이 다 보고서, 위없는 수승한 서원을 일으켰느니라. 저 천인의 선악이나 국토의 거침과 미묘함에 대해 사유하여 구경에 도달한 후 곧 그 마음을 전일하게 일으켜 희망하는 국토를 선택하여 48대원을 원만히 성취하였느니라.

그 후 잘 선택하여 부지런히 구하고 찾았으며, 이를 공경히 삼가고 잘 보임하며 지녀서 5겁이 지나도록 공덕을 수습하여 원만히 만족하였느니라. 21구지 불국토의 공덕을 장엄하는 일에 대해 마치 하나의 불찰토인 양 또렷하게 통달할 수 있었으며, 섭수한 불찰토는 이것보다 훨씬 뛰어넘었느니라.

모두 다 섭수하고서, 다시 세자재왕여래의 처소로 가서 머리를 조아려 부처님의 발에 절하고, 부처님의 주위를 세 번 돌며, 합장하고 멈추어 서서 말하기를, "부처님이시여, 저는 이미 불토장엄과 청정행을 성취하였나이다."

부처님께서 말씀하시기를, "참으로 훌륭하도다! 지금이 바로 좋은 때이다. 그대는 자세히 설명하여 대중이 기뻐하도록 할지니라. 또한 대중이 이 법문을 듣고서 (왕생불퇴 성불의) 크고 좋은 이익을 얻도록 하고, 극락정토에 태어나 수습하도록 하며, 대중을 모두 섭수하여 무량한 대원을 만족시킬 수 있도록 할지니라.”

제6품 48대 서원을 발하다

법장 비구가 부처님께 아뢰기를, “세존이시여, 오직 원하옵건대, 대자비로 저의 서원을 듣고 자세히 살펴 주시옵소서.”

제1 국무악도원 · 제2 불타악취원

제가 만약 무상보리를 증득하고 정각을 이룬다면 제가 머무는 불국토에 무량 불가사의 공덕장엄을 구족하겠나이다. 지옥·아귀·축생과 기거나 날거나 꿈틀거리는 벌레의 부류들이 없도록 하겠나이다. 모든 일체 중생, 염마라계까지도 삼악도에서 저의 국토로 와서 태어나게 하고, 저의 법의 교화를 받아서 누구나 다 아뇩다라삼먁삼보리를 성취하여서 다시는 악취에 떨어지지 않도록 하겠나이다. 만약 이 서원을 이루면 부처가 될 것이며, 이 서원을 이루지 못한다면 무상정각을 성취하지 않겠나이다.

제3 신실금색원 · 제4 삼십이상원 · 제5 신무차별원

제가 부처 될 적에 저의 국토에 태어난 시방세계 모든 중생이 자마진금 빛깔의 몸을 구족하도록 하겠나이다. 32종 대장부상을 구족하도록 하겠나이다. 단정·정결하여서 생김새가 같도록 하겠나이다. 만약 생김새에 아름답고 추한 차이가 있다면 정각을 성취하지 않겠나이다.

제6 숙명통원 · 제7 천안통원 · 제8 천이통원

제가 부처 될 적에 저의 국토에 태어난 모든 중생이 모두 무량겁 동안 전생에 지은 바 선과 악을 알도록 하겠나이다. 모두 능히 꿰뚫어 보고, 철저히 들어서 시방세계 과거 · 미래 · 현재의 일을 알도록 하겠나이다. 만약 이 서원을 이루지 못한다면 정각을 성취하지 않겠나이다.

제9 타심통원

제가 부처 될 적에 저의 국토에 태어난 중생이 다른 사람의 마음을 아는 신통력을 얻도록 하겠나이다. 만약 백천억 나유타의 수많은 불국토에 있는 중생의 마음과 생각을 빠짐없이 다 알지 못한다면 정각을 성취하지 않겠나이다.

제10 신족통원 · 제11 변공제불원

제가 부처 될 적에 저의 국토에 태어난 모든 중생이 신통자재 바라밀다를 얻도록 하겠나이다. 일념의 짧은 순간에 무수 억 나유타 무량무변 불찰토를 뛰어넘어 두루 다니면서 제불께 공양을 올릴 수 없다면 정각을 성취하지 않겠나이다.

제12 정성정각원

제가 부처 될 적에 저의 국토에 태어난 모든 중생이 분별을 멀리 여의고, 육근이 적정에 들도록 하겠나이다. 만약 결정코 등정각을 성취하여 대열반을 증득하지 못한다면 정각을 성취하지 않겠나이다.

제13 광명무량원 · 제14 촉광안락원

제가 부처 될 적에 광명이 무량하여 시방세계를 두루 비추어서 제불의 광명보다 훨씬 수승하고, 해와 달보다 천만 억 배나 더 밝도록 하겠나이다. 만약 어떤 중생이 저의 광명을 보아 그의 몸에 비추어 닿기만 해도 안락함을 느끼지 않음이 없고, 자비심으로 선을 행하여 저의 국토에 태어나도록 하겠나이다. 만약 이와 같이 되지 않는다면 저는 정각을 성취하지 않겠나이다.

제15 수명무량원 · 제16 성문무수원

제가 부처 될 적에 저의 수명이 무량하고, 저의 국토에 성문과 천인이 무수하며, 그들의 수명 또한 모두 무량하도록 하겠나이다. 가령 삼천대천세계 중생이 다 연각을 성취하고 백천 겁 동안 다 같이 계산하여 만약 그 양과 수를 알 수 있다면 정각을 성취하지 않겠나이다.

제17 제불칭탄원

제가 부처 될 적에 시방세계 무량찰토에 계시는 무수한 제불께서 만약 다 같이 저의 명호를 칭양·찬탄하지 않고, 저의 공덕과 국토의 선을 말하지 않는다면 정각을 성취하지 않겠나이다.

제18 십념필생원

제가 부처 될 적에 시방세계 중생이 저의 명호를 듣고서 지극한 마음으로 믿고 좋아하며, 일체 선근을 순일한 마음으로 회향하고, 저의 국토에 태어나기를 발원하여, 내지 십념에 만약 저의 국토에 태어나지 못한다면 정각을 성취하지 않겠나이다. 다만 오역죄를 짓고 정법을 비방하면 제외될 것이옵니다.

제19 문명발심원 · 제20 임종접인원

제가 부처 될 적에 시방세계 중생이 저의 명호를 듣고서 보리심을 발하여 여러 공덕을 닦고, 육바라밀을 봉행하여 굳건히 물러나지 않으며 또 일체 선근을 회향하여 저의 국토에 태어나기를 발원하도록 하겠나이다. 일심으로 저를 염하여 밤낮으로 끊어지지 않는다면 목숨이 다하는 때 저는 여러 보살성중과 함께 그 사람 앞에 나타나 맞이하여 짧은 시간에 곧 저의 국토에 태어나 불퇴전지 보살이 되도록 하겠나이다. 만약 이 서원을 이루지 못한다면 정각을 성취하지 않겠나이다.

제21 회과득생원

제가 부처 될 적에 시방세계 중생이 저의 명호를 듣고서 저의 국토에 생각을 매어두고, 보리심을 발하여 견고한 신심으로 물러나지 않으며 온갖 공덕의 근본을 심어 기르고 지극한 마음으로 회향하여 극락세계에 태어나고자 한다면 그 원을 이루지 못하는 이가 없도록 하겠나이다. 만약 과거 숙세에 악업이 있다 할지라도 저의 명호를 듣고서 곧바로 스스로 잘못을 참회하고 불도를 위해 선을 지으며, 곧 경전의 가르침을 수지하고 계를 지녀서 저의 찰토에 태어나기를 발원한다면, 그 사람은 목숨이 다할 때 다시는 삼악도에 떨어지지 않고 즉시 저의 국토에 태어나도록 하겠나이다. 만약 이와 같이 되지 않는다면 정각을 성취하지 않겠나이다.

제22 국무여인원 · 제23 염녀전남원 · 제24 연화화생원

제가 부처 될 적에 저의 국토에는 여성이 없도록 하겠나이다. 만약 어떤 여인이 저의 명호를 듣고서 청정한 믿음을 얻고 보리심을 발하여 여자의 몸을 싫어하고 근심하여 저의 국토에 태어나기를 발원한다면, 목숨이 다하는 즉시 바로 남자로 변하여 저의 찰토에 태어나도록 하겠나이다. 시방세계 모든 중생 부류로 저의 국토에 태어나는 이는 모두 칠보 연못의 연꽃에서 화생하도록 하겠나이다. 만약 이와 같이 되지 않는다면 정각을 성취하지 않겠나이다.

제25 천인예경원 · 제26 문명득복원 · 제27 수수승행원

제가 부처 될 적에 시방세계 중생이 저의 명호를 듣고서 환희심을 내어 믿고 좋아하며, 예배하고 귀의하며, 청정한 마음으로 보살행을 닦아서 제천 · 세간 사람들이 공경하지 않는 이가 없도록 하겠나이다. 만약 저의 명호를 들으면 수명이 다한 후에 존귀한 집에 태어나도록 하고, 육근에 결함이 없도록 하겠나이다. 늘 수승한 범행을 닦도록 하겠나이다. 만약 이와 같이 되지 않는다면 정각을 성취하지 않겠나이다.

제28 국무불선원 · 제29 주정정취원 · 제30 낙여누진류 · 제31 불탐계신원

제가 부처 될 적에 저의 국토에 선하지 않은 이름이 없도록 하겠나이다. 저의 국토에 태어난 모든 중생이 다 함께 일심으로 정정취에 머물도록 하겠나이다. 영원히 뜨거운 번뇌를 여의고 청정하고 시원한 마음을 얻으며, 느끼는 즐거움이 마치 누진비구(아라한)와 같아지도록 하겠나이다. 만약 상념이 일어나 몸에 탐착하는 이가 있다면 정각을 성취하지 않겠나이다.

제32 나라연신원 · 제33 광명변재원 · 제34 선담법요원

제가 부처 될 적에 저의 국토에 태어난 모든 중생이 선근이 무량하고 금강 나라연신의 견고한 힘을 얻도록 하겠나이다. 정수리에서 광명이 밝게 비추고 일체 지혜를 이루며, 가없는 변재를 획득하도록 하겠나이다. 모든 불법의 비요를 잘 말하고 경전을 설하며 불도를 행하여서 그 말씀이 마치 종소리처럼 널리 퍼지도록 하겠나이다. 만약 이와 같이 되지 않는다면 정각을 성취하지 않겠나이다.

제35 일생보처원 · 제36 교화수의원

제가 부처 될 적에 저의 국토에 태어난 모든 중생이 구경에는 반드시 일생보처에 이르도록 하겠나이다. 다만 그의 본원이 중생을 위하는 까닭에 사홍서원의 갑옷을 입고 모든 유정을 교화하여 그들이 모두 신심을 내고 보리행을 닦아 보현의 도를 행하도록 하는 이는 제외될 것이옵니다. 비록 타방세계에 태어날지라도 영원히 악취를 여의도록 하며, 혹은 법문 설하기를 좋아하고, 혹은 법문 듣기를 좋아하며, 혹은 신족통을 보여 뜻하는 대로 수습하여서 원만하지 않음이 없도록 하겠나이다. 만약 이와 같이 되지 않는다면 정각을 성취하지 않겠나이다.

제37 의식자지원 · 제38 응념수공원

제가 부처 될 적에 저의 국토에 태어난 중생에게 구하는 음식과 의복과 갖가지 공양구가 뜻하는 대로 즉시 이르게 하여 그의 원을 만족시키지 못함이 없도록 하겠나이다. 시방세계 제불께서 그들의 생각에 감응하여 그 공양을 받아 주시도록 하겠나이다. 만약 이와 같이 되지 않는다면 정각을 성취하지 않겠나이다.

제39 장엄무진원

제가 부처 될 적에 국토의 만물은 장엄·청정하고, 빛나고 화려하며 형상과 빛깔이 수승하고 특별하며, 미세함이 궁진하고 미묘함이 지극하여 말할 수도 없고 헤아릴 수도 없도록 하겠나이다. 여러 중생이 비록 천안을 구족하였다 할지라도 그 형상과 빛깔, 광명과 모습, 이름과 수량을 분별하고 전부 상세하게 말할 수 있다면 정각을 성취하지 않겠나이다.

제40 무량색수원·제41 수현불찰원

제가 부처 될 적에 저의 국토에는 무량한 빛깔의 보배나무가 있어서, 그 높이가 혹 백천 유순이나 되고, 도량의 나무는 높이가 4백만 리나 되며, 여러 보살 중에서 비록 선근이 하열한 이가 있을지라도 또한 그것을 알 수 있도록 하겠나이다. 제불의 청정국토 장엄을 보고자 한다면 마치 맑은 거울에 얼굴을 비추어 보듯이 모두 다 보배나무 사이로 볼 수 있도록 하겠나이다. 만약 이와 같이 되지 않는다면 정각을 성취하지 않겠나이다.

제42 철조시방원

제가 부처 될 적에 제가 머무는 불국토는 광대하고 넓으며 장엄하고 청정하며, 광명이 마치 거울처럼 밝고 투명하여 시방세계 무량무수·불가사의 제불세계를 철저히 비추어서 중생이 이를 본다면 희유한 마음을 내도록 하겠나이다. 만약 이와 같이 되지 않는다면 정각을 성취하지 않겠나이다.

제43 보향보훈원

제가 부처 될 적에 아래로는 땅에서부터 위로는 허공에 이르기까지 궁전과 누각, 칠보 연못과 보배나무 등 국토에 있는 일체 만물이 모두 다 무량한 보배 향이 합하여 이루어지고, 그 향이 시방세계에 두루 퍼져서 그 향을 맡는 중생은 부처님의 행을 닦도록 하겠나이다. 만약 이와 같이 되지 않는다면 정각을 성취하지 않겠나이다.

제44 보등삼매원 · 제45 정중공불원

제가 부처 될 적에 시방세계 불찰토의 여러 보살성중이 저의 명호를 듣고 나서 모두 다 청정 · 해탈 · 보등삼매를 체득하고, 여러 깊은 총지를 지니며 삼마지에 머물러 성불에 이르도록 하겠나이다. 선정 속에서 항상 무량무변한 일체 제불께 공양드리고 선정을 잃지 않도록 하겠나이다. 만약 이와 같이 되지 않는다면 정각을 성취하지 않겠나이다.

제46 획다라니원 · 제47 문명득인원 · 제48 현증불퇴원

제가 부처 될 적에 타방세계의 여러 보살성중이 저의 명호를 들으면 생사를 여의는 법을 증득하고 다라니를 획득하도록 하겠나이다. 청정하고 환희하여 평등에 안온히 머물며 보살행

을 닦고 공덕의 근본을 구족하여 감응할 때 일(음향인)·이(유순인)
·삼(무생법인)의 법인을 획득하도록 하겠나이다. 모든 불법에서
불퇴전을 현증할 수 없다면 정각을 성취하지 않겠나이다.

제7품 반드시 정각을 성취하리라

부처님께서 아난에게 말씀하시기를, "이때 법장 비구는
이 서원을 말하고 게송으로 노래하였느니라."

저는 일체세간 뛰어넘는 뜻 세웠으니
반드시 위없는 불도를 이루겠나이다.
이러한 서원을 이루지 못한다면 맹세코 저는 등정각을
성취하지 않겠나이다.
또한 모든 중생의 대시주가 되어서
여러 궁한 자, 고생하는 자 두루 구제하겠나이다.
저 여러 중생이 기나긴 밤 동안 근심과 고뇌가 없도록
하며, 갖가지 선근이 생겨나도록 하여 보리과를 성취하
도록 하겠나이다.
제가 무상정각을 성취한다면 저의 명호를 「무량수」라고
하리니, 저의 명호를 들은 중생은 함께 저의 찰토에
태어나도록 하겠나이다.
부처님처럼 자마진금 빛깔의 몸과 미묘한 상호를 빠짐없
이 다 원만히 구족하도록 하겠나이다.

또한 그들이 대비심으로 모든 중생 부류를 이롭게 하도록 하겠나이다.
욕망을 여의고 깊은 정념이 생겨서 청정한 지혜로 범행을 닦도록 하겠나이다.
원하옵건대, 저의 지혜광명이 시방 제불세계에 두루 비추어서 세 가지 때의 어두움을 제거하고, 밝은 지혜로 온갖 액난을 구제하도록 하겠나이다.

(중생 한 사람 한 사람) 빠짐없이 다 삼악도의 고통 버리게 하고, 여러 번뇌의 어두움을 소멸하게 하여 저들이 갖춘 지혜의 눈을 열어주고 여래의 광명법신을 증득하도록 하겠나이다.
여러 악취의 길을 닫아 막고, 선취의 문을 활짝 열어 주며, 중생을 위해 법의 창고 열어 공덕의 보배를 널리 베풀도록 하겠나이다.
지혜가 부처님과 상응해 걸림 없고, 부처님처럼 자비의 행을 실행하여
항상 부처님처럼 제천·인간의 스승이 되고 삼계의 영웅이 되도록 하겠나이다.
사자후의 음성으로 설법하여서 모든 유정을 널리 제도하도록 하겠나이다.
제가 옛적에 발한 서원을 원만히 이루어서 일체 중생이

모두 평등하게 성불하도록 하겠나이다.

제가 발한 이 서원을 원만히 성취해내면 대천세계 제불성중이 모두 마땅히 감동하고, 공중에서는 제천의 선신·호법신들이 환희하며, 진기하고 미묘한 하늘 꽃을 비오듯 내려주리다.

부처님께서 아난에게 말씀하시기를, "법장비구가 이 게송을 읊고 나자, 이때 상스러운 감응이 있어 두루 대지가 6종으로 진동하였고, 하늘에서는 미묘한 꽃이 비 오듯 내려와 법회가 열리는 상공 위로 흩날렸으며, 공중에서 저절로 음악이 울리면서 찬탄하여 말하기를, 「법장 비구는 반드시 무상정각을 성취하리라.」"

제8품 무량공덕을 쌓아나가다

"아난아, 법장 비구는 세자재왕여래 앞에서 제천·인간 대중 가운데서 이러한 홍서원을 발하고서 진실의 지혜에 머물며 용맹 정진하고 일향으로 뜻을 전일하게 하여 미묘한 국토를 장엄하였느니라. 그가 수행하여 성취한 불국토는 확 트여 통해 있고 끝도 없이 광대하며 제불국토보다 수승하고 홀로 미묘하며, 건립된 국토는 영원히 변치 않아 일체 만물이 쇠하지도 않고 변하지도 않느니라.

법장 비구는 무량겁에 덕행을 쌓고 심어서 탐·진·치와 욕망·

일체 망상을 일으키지 않았고, 색·성·향·미·촉·법에 집착하지 않았으며, 다만 과거 제불께서 닦으시던 선근을 좋아하고 억념하면서 적정 행을 행하여 헛된 망상을 멀리 여의었고, 진제 문에 의지하여 온갖 덕의 근본을 심었느니라.

온갖 괴로움을 따지지 않고 작은 것에 만족하면서 오직 선법만을 구하여 모든 중생에게 진실의 이익을 베풀어 그들을 이롭게 하였으며, 뜻과 원을 이루는데 지치지 않는 인내력을 성취하였느니라.

모든 유정에게 늘 자비롭고 인내하는 마음을 품고서 온화한 얼굴과 따뜻한 말씨로 권유하고 채찍질하며, 삼보를 공경하고 스승과 어른을 받들어 모시며, 거짓으로 속이고 굽혀서 아첨하는 마음이 없었느니라.

법장 비구가 온갖 행위로 장엄하고 궤범을 구족할 수 있었던 것은 일체만법이 환과 같다 관하여 일체경계에 삼매를 누리고 적정을 유지할 수 있었기 때문이니라. 한편으로는 구업을 잘 지켜서 남의 허물을 비난하지 않았고, 신업을 잘 지켜서 율의를 잃지 않았으며, 의업을 잘 지켜서 청정하고 물들지 않았느니라.

모든 대도시와 작은 촌락, 가족권속과 진귀한 보배 등에 결코 집착하지 않았으며, 항상 보시·지계·인욕·정진·선정·지혜의 육바라밀 행으로 중생을 교화하여 안온히 건립하도록 하고 위없는 진정한 도에 머물렀느니라.

이와 같이 여러 선근을 성취하였기에 태어나는 곳마다

무량한 보배창고가 저절로 감응하여 나타났나니, 혹은 장자나 거사·부유한 집안이나 존귀한 신분이 되기도 하였고, 혹은 찰제리 국왕이나 전륜성왕이 되기도 하였으며, 혹은 육욕천의 천주 내지 범왕이 되기도 하였느니라. 또한 제불의 처소에서 일체 제불을 존중하고 공양하기를 중단한 적이 없었나니, 이와 같은 공덕은 이루 다 말로 설명할 수 없느니라.

그의 몸과 입에서는 전단향과 우발라화처럼 늘 무량한 미묘한 향기가 흘러 나왔고, 그 향기가 무량세계에 두루 배였느니라. 태어나는 곳마다 상호가 단정 장엄하여 32상 80종호를 모두 다 구족하였느니라. 그의 손에서는 늘 다함이 없는 보배와 장엄 도구들이 흘러나왔으니, 일체가 구하는 것들이고 최상의 물건들로 유정에게 이롭고 그들이 좋아하는 것이었느니라. 이러한 인연으로 무량한 중생이 모두 다 아뇩다라삼먁삼보리심을 발하도록 하였느니라."

제9품 수행과 공덕 원만하게 성취하다

부처님께서 아난에게 말씀하시기를, "법장 비구는 보살행을 닦고 공덕을 쌓음이 무량무변하여 일체 법에 자재함을 얻었으니, 이는 언어로 분별하여 알 수 있는 것이 아니니라. 그가 발한 서원을 원만히 이루어서 제법의 진여실상에 안온히 머물러 있었던 까닭에 장엄·위덕·광대함이 무량무변한 청정불토를 구족하였느니라.”

아난이 부처님께서 하신 말씀을 듣고 세존께 여쭈기를, “법장 보살이 원만한 대 보리를 성취하니, 이 분은 과거의 부처님이옵니까? 미래의 부처님이옵니까? 지금 현재 타방세계에 계시는 부처님이옵니까?”

세존께서 말씀하시기를, “저 불·여래께서는 오셔도 오신 바가 없고, 가셔도 가신 바가 없으며, 태어나시지도 입멸하시지도 않으니, 과거의 부처님도 현재의 부처님도 미래의 부처님도 아니니라. 단지 중생 제도의 본원을 실행함으로써 현재 서방에 나타나 계심을 보이시느니라. 염부제에서 백천구지 나유타(십만억) 불찰토나 떨어진 곳에 세계가 있나니, 「극락」이라 이름하느니라.

법장 비구가 성불하시고, 명호를 「아미타」라 하였느니라. 성불하신 이래 지금까지 십 겁이 지났으며, 지금 그곳에서 안온히 주지하시면서 법을 설하고 계시느니라. 무량무수한 보살과 성문대중이 있어 아미타부처님을 공경하며 둘러싸고 있느니라.”

제10품 다 아미타부처님 같길 발원하다

부처님이 아미타부처님께서 보살이 되어 이 홍서원을 구해 성취하였다고 말씀하셨을 때, 아사세 왕자와 5백 명의 대 장자들은 이 말씀을 듣고 모두 크게 환희하였다.

각자 금빛 화개를 하나씩 가지고 모두 부처님 앞으로 와서 예를 올렸나니, 화개를 부처님께 공양하고 나서 바로 한쪽 자리로 물러나 앉아 경을 듣고서 마음속으로 발원하기를, "저희들이 부처 될 적에 모두 아미타부처님과 같게 하옵소서." 부처님께서 즉시 그들의 마음을 알아차리시고 여러 비구들에게 말씀하시기를, "이들 왕자 등은 나중에 부처가 되리라. 그들은 이전 세상에서 보살도에 머물렀고, 무수겁 이래로 4백억 부처님께 공양하였느니라. 가섭부처님 때 그들은 나의 제자였고, 지금도 내게 공양하러 와서 다시 만나게 되었느니라." 그때 모든 비구들은 부처님 말씀을 듣고서 그들을 대신하여 모두 기뻐하였다.

제11품 극락세계의 장엄청정

부처님께서 아난에게 말씀하시기를, "저 극락세계는 무량한 공덕장엄을 구족하고 있느니라. 온갖 괴로움과 여러 고난, 악취와 마장·번뇌의 이름도 영원히 없느니라.

또한 사계절, 추위와 더위, 흐리고 비 오는 등의 기후변화도 없느니라. 또 크고 작은 강과 바다, 구릉과 구덩이, 가시나무와 자갈밭, 철위산·수미산·토석산 등의 지리환경의 차이도 없느니라.

극락국토는 오직 저절로 칠보로 원만히 성취되어 있고 황금으로 땅이 포장되어 있으며, 관활·광대·평등·정대하여 한계가 없으며, 미묘·기특·화려하여 청정장엄이 시방 일체 세계를 뛰어넘느니라."

아난이 부처님의 말씀을 듣고 나서 세존께 여쭈기를, "만일 저 국토에 수미산이 없다면 그 사천왕천과 도리천은 무엇에 의지하여 머무옵니까?"

부처님께서 아난에게 말씀하시기를, "야마천과 도솔천, 내지 색계·무색계의 일체 제천들은 무엇에 의지해 머무느냐?" 아난이 부처님께 아뢰기를, "불가사의한 업력의 소치이옵니다."

부처님께서 아난에게 말씀하시기를, "그대는 불가사의한 업력을 알고 있느냐? 그대 자신의 과보도 불가사의하고, 중생의 업보 또한 불가사의하며, 중생의 선근도 불가사의하고, 제불의 위신력과 제불의 세계 또한 불가사의하니라. 그 국토의 중생은 공덕과 선근의 힘에 의지하고, 아미타부처님의 행업으로 성취한 땅이며, 아미타부처님의 위신력으로 성취한 까닭에 이렇게 안온히 머물 수 있느니라."

아난이 아뢰어 말씀드리기를, "중생의 업인과보는 불가사의하옵니다. 저는 이 법에 대하여 실로 어떤 의혹도 없사오나, 미래 중생을 위해 의혹의 그물을 찢어버리고자 하는 까닭에 이 질문을 하였을 따름이옵니다."

제12품 광명이 시방세계 두루 비추다

부처님께서 아난에게 말씀하시기를, "아미타부처님의 위신광명은 가장 존귀하고 제일로 뛰어나서 시방제불의 광명은 미칠 수 없느니라. 아미타부처님의 광명이 동방세계 항하사만큼 많은 불찰토를 두루 비추고, 남·서·북방과 사유·상하도 또한 이와 같이 비추느니라.

제불의 정수리 위에 화현한 원광은 그 크기가 혹 일·이·삼·사 유순이고 혹 천만 억 유순이며, 제불의 광명은 혹 일·이 불찰토를 비추고 혹 백천 불찰토를 비추느니라.

오직 아미타부처님의 광명만이 무량·무변·무수 불찰토를 두루 다 비추느니라. 제불의 광명이 비추는 거리가 멀고 가까운 것은 본래 이전 세상에서 도를 구할 때 일으킨 서원과 공덕의 크기가 크고 작아 같지 않기 때문이니라. 그들이 부처 될 적에 각자 다른 과보를 얻게 되나니, 이는 (그들의 인지와 상응하여) 저절로 성취된 것이지 (그들의 마음속에) 미리 예상한 것이 아니니라. 아미타부처님의 광명은 아름답고 보기 좋아서 해와 달의 광명보다도 천억 배나 더 밝고, 광명 중에 지극히 존귀하며, 부처님 중의 왕이니라.

이런 까닭에 무량수불은 또한 명호가 무량광불이고 또한 명호가 무변광불·무애광불·무등광불이고 또한 명호가 지혜광·상조광·청정광·환희광·해탈광·안은광·초일월광·부사의광이니라.

이와 같은 광명이 시방 일체 세계를 두루 비추니, 인연이 있어 그 광명을 보는 중생은 마음의 때가 멸하고, 선한 마음이 생겨나며, 몸과 뜻이 부드러워지느니라. 만약 삼악도의 극심한 고통을 받는 곳에 있다 해도 이 광명을 보기만 하면 모두 휴식을 얻게 되며, 수명이 다한 뒤에는 모두 해탈을 얻게 되느니라.

만약 어떤 중생이 그 광명·위신·공덕을 듣고서 지극한 마음으로 중단하지 않고 밤낮으로 칭양·찬탄한다면 뜻하는 대로 그 국토에 태어나게 되리라."

제13품 극락에는 수명과 대중이 무량하다

부처님께서 아난에게 말씀하시기를, "무량수불께서는 수명이 무한히 길어서 말로 표현할 수도 숫자로 헤아릴 수도 없느니라. 또한 무수한 성문대중은 모두 신통과 지혜에 통달하고, 그 위신력이 자재하여서 손바닥에 일체 세계를 수용할 수 있느니라.

나의 제자 중 대목건련은 신통력이 제일인데 삼천대천세계에 존재하는 모든 일체 별자리 중생의 숫자를 하루 밤낮에 빠짐없이 다 알 수 있느니라.

설령 시방세계 중생이 빠짐없이 다 연각을 성취하여 하나하나 연각들의 수명이 만억 세가 되고 신통력도 모두 대목건련과 같다 할지라도, 그 수명이 다하고 그 지혜의 힘이 마르도록 다 같이 그 수를 세어본다 할지라도 저 부처님의 법회에 모인 성문 숫자의 천만 분의 일에도 미치지 못하느니라.

비유컨대, 큰 바다가 깊고 광대하며 끝이 없는데, 가령 털

한 올을 취해 백 개로 등분하여 미진과 같이 부수어서 이 미진 털 하나로 바닷물을 한 방울 적신다면, 이 미진 털의 물과 이 바닷물 중 어느 것이 더 많겠느냐? 아난아, 저 목건련 등이 알고 있는 숫자는 저 미진 털의 물과 같고, 아직 알지 못하는 것은 큰 바닷물과 같으니라.

저 부처님의 수명과 여러 보살·성문·천인의 수명 또한 그러하니, 계산이나 비유로 능히 알 수 있는 것이 아니니라.”

제14품 보배나무가 국토에 두루 가득하다

“저 여래의 국토에는 여러 보배나무가 있는데, 혹은 순금나무·순은나무·유리나무·수정나무·호박나무·미옥나무·마노나무로 이들은 오직 한 가지 보배만으로 이루어져 있고 다른 보배가 뒤섞여 있지 않느니라.

혹은 두 가지 보배, 세 가지 보배 내지 칠보가 바꿔가며 함께 합하여 이루어지나니, 뿌리·가지·줄기가 이런 보배로 이루어지면 꽃·잎·열매는 다른 보석으로 변화하여 만들어져 있느니라. 혹은 어떤 보배나무는 뿌리가 황금으로 되어 있고, 줄기는 백은으로 되어 있으며, 큰 가지는 유리로 되어 있고, 작은 가지는 수정으로 되어 있으며, 잎은 호박으로 되어 있고, 꽃은 미옥으로 되어 있으며, 열매는 마노로 되어 있느니라. 그 나머지 여러 나무들도 칠보가 서로 바꿔가며 뿌리·줄기·가지와 잎·꽃·열매가 되어서 갖가지로 함께 이루어져 있느니라.

보배나무는 각각 종류별로 줄지어 한 줄 한 줄 서로 알맞게 자리잡고 있느니라. 줄기와 줄기는 서로 잘 배열되어 있고, 나뭇가지와 잎은 서로 마주보고 있으며, 꽃과 열매는 서로 대칭이고 무성하게 자란 나무의 빛깔 광명이 찬란하게 빛나니, 너무나 수승하여 바라볼 수가 없느니라.

맑은 바람이 때에 맞추어 일어나면 보배나무가 바람 따라 흔들리며 오음의 소리가 울려 나오고, 미묘한 궁·상·각·치·우의 소리가 저절로 서로 조화를 이루느니라. 이런 여러 보배나무들이 그 국토에 두루 펼쳐져 있느니라."

제15품 극락도량의 보리수

"또한 그 도량에는 보리수가 있나니, 높이가 4백만 리나 되고 그 몸통의 둘레가 5천 유순이나 되며, 나뭇가지와 잎이 사방으로 2십만 리나 뻗어 있느니라.

일체 온갖 보배들이 저절로 합하여 이루어져 있고, 꽃과 열매가 열려서 무성하며 광채가 두루 비추고 있느니라. 게다가 온갖 보배 중의 왕인 홍·녹·청·백색의 여러 마니 보배로 된 영락이 있고, 운취보 사슬로 장식된 여러 보배 기둥이 있으며, 금·진주로 된 방울이 나뭇가지 사이에 두루 달려 있고, 진기하고 오묘한 보배 그물이 그 위를 덮고 있느니라. 백천만 가지 빛깔이 서로 비추어 장식하고 있고, 무량한 광염이 끝닿는 데 없이 비추어서 일체 장엄이 중생의 마음에 따라 감응하여 나타나느니라.

미풍이 서서히 불어와 여러 나뭇가지와 잎을 흔들어 무량한 묘법을 연주하고, 그 소리가 제불 국토에 두루 퍼져서 청정 상쾌하여 자비심과 지혜가 일어나고 미묘·평안·단아하나니, 시방세계 소리 가운데 가장 제일이니라.

만약 어떤 중생이 보리수를 보거나 소리를 듣거나 향기를 맡거나 그 열매를 맛보거나 그 빛과 그림자에 닿거나 보리수의 공덕을 생각하면, 모두 다 육근이 청정·명철해져서 여러 번뇌와 근심이 없어지며 불퇴전의 자리에 안온히 머물러서 불도를 이루는 경지에 이르게 되느니라.

또한 저 보리수를 보게 된 까닭에 세 가지 법인을 획득하나니, 첫째는 음향인이고, 둘째는 유순인이며, 셋째는 무생법인이니라."

부처님께서 아난에게 말씀하시기를, "이와 같이 불찰토에는 꽃·열매·나무가 여러 중생에게 불사를 짓게 하나니, 이것은 모두 무량수불의 위신력인 까닭이며, 본원력인 까닭이며, 홍서원을 원만히 실현하신 까닭이고, 지혜를 성취하고 물러남 없이 견고하며 구경성불을 돕는 서원인 까닭이니라."

제16품 극락도량의 당사와 누각

"또한 무량수불의 강당과 정사, 누각과 난순 또한 모두 다 칠보가 저절로 변화해서 이루어진 것이니라. 게다가

하얀 구슬·마니보로 된 영락이 그물처럼 교차하며 매달려 장식하고 있나니, 그 광명의 미묘함은 비할 데가 없느니라. 여러 보살성중이 거주하는 궁전도 또한 이와 같으니라. 그 중에는 지상에서 경전을 강설하거나 경전을 암송하는 이도 있고, 지상에서 경전의 가르침을 받거나 듣는 이도 있으며, 경행하는 이도 있고, 경전의 뜻을 사유하기도 하며, 좌선을 하는 이도 있느니라. 허공에서 경전을 강설하거나 암송하거나 가르침을 받거나 듣는 이도 있으며, 경행하고 경전의 뜻을 사유하기도 하며 좌선을 하는 이도 있느니라.

혹은 수다원과를 증득한 이도 있고, 혹은 사다함과를 증득한 이도 있으며, 혹은 아나함과와 아라한과를 증득한 이도 있느니라. 그리고 아직 불퇴전지를 증득하지 못한 이도 바로 불퇴전지를 증득하게 되느니라. 각자 도를 염하고, 도를 설하며, 도를 행함이 자재하여, 환희하지 않는 사람이 없느니라.”

제17품 극락도량의 연못 팔공덕수

“또한 그 강당의 좌우에는 칠보 연못이 교차하여 흐르고 있느니라. 보배 연못은 길이와 넓이, 깊고 얕음이 모두 각각 하나로 같아서 잘 어울리느니라. 그 크기는 혹 십 유순, 이십 유순, 내지 백천 유순이나 되기도 하느니라. 그 연못의 물은 맑고 투명하며 향기롭고 청결하며, 8종 공덕을 구족하고 있느니라. 연못가 언덕에는 무수한 전단향 나무와 길상과 나무가 있어

꽃과 열매에서 항상 향기를 풍기고 광명이 밝게 비추고 있느니라. 긴 나뭇가지와 무성한 잎이 서로 교차하면서 연못을 덮고 있고, 갖가지 향기를 풍기니, 세상에 능히 비교할 만한 것이 없느니라. 바람을 따라 향기를 흩뿌리고, 물결을 따라 향기를 흘러 보내느니라.

또한 다시 연못은 칠보로 장식되어 있고, 연못 바닥에는 금모래가 깔려있으며, (푸른 연꽃인) 우발라화·(붉은 연꽃인) 발담마화·(노란 연꽃인) 구모두화·(흰 연꽃인) 분다리화 등 갖가지 빛깔과 광명의 연꽃들이 무성하게 물 위를 두루 덮고 있느니라.

만약 저 중생이 그 물에서 목욕을 하려고 하면, 발목까지 왔으면 하거나, 무릎까지 왔으면 하거나, 허리나 겨드랑이까지 왔으면 하거나, 목까지 왔으면 하거나, 혹 온몸을 푹 담갔으면 하거나, 혹 차가왔으면, 따뜻했으면, 급히 흘렀으면, 완만히 흘렀으면 하여도 그 물은 한 방울 한 방울 중생의 뜻에 따르느니라. 그 연못의 물에 목욕하면 개오하고 심신이 즐거워지느니라.

또한 연못의 물은 맑고 청정하여 마치 허공처럼 형상이 없느니라. 연못 바닥은 보배 모래가 환히 비추어 드러나고, 아무리 깊어도 비치지 않는 곳이 없느니라.

칠보 연못에는 잔잔한 물결이 서서히 돌아 흐르고, 서로 번갈아가며 흘러드느니라. 물결이 무량한 미묘한 음성을 일으키나니, 듣는 사람에 따라 원하는 대로 혹은 불법승의 소리, 바라밀다의 소리, 망상을 그친 적정의 소리, 생함도 멸함도 없는 소리, 십력무외의 소리를 듣기도 하고, 혹은 무성·무작·무아의 소리, 대자대비·대희대사의 소리, 감로로 관정하여 과위를 받는 소리를 듣기도 하느니라. 이와 같이 갖가지 소리를 듣고 나서 그 마음이 청정해져서 여러 분별상이 없어지고, 정직하고 평등한 마음을 갖게 되며, 곧 일체 선근을 성숙시킬 수 있느니라.

또한 각자 그 들리는 소리에 따라서 법과 상응하게 되느니라. 그 소리를 듣고자 하는 사람은 바로 혼자 들을 수 있지만, 듣고자 하지 않으면 조금도 들리지 않느니라. 극락세계 사람들은 아뇩다라삼먁삼보리심에서 영원히 물러나지 않게 되느니라.

시방세계에서 여러 왕생한 사람들은 누구나 다 칠보 연못의 연꽃에서 저절로 화생하여, 모두 청허의 몸과 무극의 몸을 받게 되느니라. 그리고 다시는 삼악도·번뇌·고난의 명칭을 듣지 않고, 가설방편으로 지어낸 것조차 없으니, 하물며 실제의 괴로움이 있겠느냐? 다만 저절로 즐거운 소리만 있는 까닭에 그 국토의 이름을 「극락」이라고 하느니라."

제18품 시방세계 뛰어넘는 희유한 환경
"저 극락국토 모든 중생은 생김새와 형상이 미묘하여 이 세계의 모든 사람들을 뛰어넘어 희유하고, 모두가 같은 부류로 차별의 상이 없지만, 나머지 타방세계의 풍속에 수순하는 까닭에 천인의 명칭이 있느니라."
부처님께서 아난에게 말씀하시기를, "비유컨대, 세간의 가난하
고 괴로운 거지가 제왕의 옆에 서 있으면 생김새와 형상을
어찌 견주겠는가? 제왕을 만약 전륜성왕과 비교하면 제왕이
곧 남루하게 보여 마치 저 걸인이 제왕 옆에 있는 것과 같으니라.
전륜성왕의 위덕과 상호가 제일이라 해도 도리천왕과 비교
하면 또한 다시 추하고 하열해 보이느니라. 가령 제석천왕
을 제육천왕과 비교한다면 설사 백천 배 하여도 서로 비교
할 수 없느니라. 제육천왕을 만약 극락국토 중 보살 성문의
광채가 나는 생김새와 형상과 비교한다면 비록 만억 배
하여도 서로 미치지 못하느니라.
극락세계 중생이 사는 궁전·의복·음식은 마치 타화자재천왕
이 누리는 것과 같을지라도 위덕·계위·신통변화는 일체 천인
들이 견줄 수 없어 백천 만억 배 하여도 계산할 수 없느니라.
아난아, 마땅히 알아야 하나니, 무량수불의 극락국토는 이와
같은 공덕 장엄이 불가사의하니라."

제19품 필요한 것들이 갖추어져 있다

"그리고 또 극락세계 모든 중생은 혹 이미 왕생하였거나 혹
현재 왕생하고 있거나 혹 앞으로 왕생하거나 모두 이와 같이
여러 미묘한 색신을 얻게 되고 모습이 단정 엄숙하며, 복덕이
무량하고 지혜가 또렷하며 신통이 자재하리라.

궁전, 의복과 장신구, 향과 꽃, 당번과 산개 등 장엄하는 도구에 이르기까지 필요한 것들이 갖가지로 풍족하게 갖추어져 있으니, 구하는 것은 무엇이든지 뜻하는 대로 모두 다 나타나느니라. 만약 음식을 먹고 싶을 때는 칠보그릇이 저절로 앞에 나타나고, 갖가지 맛있는 음식이 저절로 그릇에 가득 담기리라. 비록 이 음식이 있다 해도 실제로 먹는 자는 없나니, 다만 음식의 빛깔을 보고 냄새를 맡으며 마음으로 식사를 하느니라. 형상과 체력이 증가하지만 더러운 배설은 없으며, 몸과 마음이 부드러워 맛에 집착함이 없느니라. 식사를 마치면 음식현상이 변하여 사라지고, 식사 때가 되면 다시 나타나느니라.

또한 온갖 보배로 만든 미묘한 옷과 모자, 허리띠와 영락이 있나니, 무량한 광명과 백천 가지 미묘한 빛깔이 모두 다 갖추어져 저절로 몸에 딱 맞게 입혀지느니라.

그들이 사는 집은 그 형상과 빛깔이 알맞게 조화를 이루고, 보배 그물이 가득 덮여 있고, 여러 보배 방울이 매달려 있으며, 그 모습이 기묘하고 진기하며 두루 교차해 꾸며져 있느니라. 광명과 빛깔이 황홀하게 빛나며, 지극히 장엄하고 아름다우니라. 누각과 난순, 당우와 방각의 처소는 넓고 좁은 것이나, 각지고 둥근 것이나, 크거나 작거나, 허공에 있거나 평지에 있거나, 모두 청정·안온하고, 미묘하고 즐거우니라. 이 모든 것들이 생각에 응하여 앞에 나타나게 되니, 어느 것 하나 갖추어져 있지 않음이 없느니라."

제20품 공덕의 바람 불고 꽃비 내리다

"그 불국토에는 언제나 정해진 시간마다 저절로 공덕의 바람이 서서히 일어나 여러 보배 그물과 온갖 보배나무로 불어와서 미묘한 소리를 내며 고와 공, 무상과 무아, 모든 바라밀을 연설하느니라.

수많은 종류의 온화하고 단아한 덕의 향기를 퍼져나가게 하여서 그 향기를 맡은 자는 번뇌와 습기의 때가 저절로 일어나지 않느니라.

공덕의 바람이 그의 몸에 닿으면 온화한 느낌이 들고 마음을 고르게 하며 뜻을 편안하게 하나니, 이러한 느낌은 마치 비구가 멸진정을 얻는 것과 같으니라.

그리고 공덕의 바람이 칠보 나무숲에 불어오면 흩날리는 꽃잎이 무리를 이루어 갖가지 빛깔과 광명이 불국토를 두루 가득 채우고, 꽃은 빛깔에 따라 순서를 이루어 어지럽게 뒤섞이지 않으며, 부드럽게 빛나고 정결하여 마치 도라면과 같으니라. 꽃들을 밟으면 손가락 네 마디 정도 깊이 빠졌다가, 발을 든 후에는 다시 처음과 같게 되느니라.

정해진 시간이 지난 후 그 꽃들은 저절로 사라져서 대지는 청정해졌다가 다시 새로운 꽃비가 내리는데, 밤낮 여섯 때에 따라 또다시 꽃비가 내려 대지를 두루 덮어 이전과 다름없이 아름다운 모습이니, 이와 같이 여섯 차례 순환하느니라."

제21품 보배 연꽃과 부처님 광명

"또한 온갖 보배 연꽃이 극락세계에 두루 가득하고, 하나 하나의 보배 연꽃 송이마다 백천 억의 꽃잎이 있고, 그 꽃잎의 광명은 무량한 종류의 빛깔이나니, 푸른 연꽃에서는 푸른 광명이 빛나고, 흰색 연꽃에서는 흰 광명이 빛나며, 검정·노랑·주홍·자주의 광명 빛깔도 또한 그러하느니라. 다시 무량하고 미묘한 보배와 백천 가지 마니보배가 진기하게 서로 비추어 장식하고, 해와 달처럼 밝게 비추느니라. 저 연꽃의 크기는 혹 반 유순, 혹 일·이·삼·사, 내지 백천 유순에 이르고, 꽃송이 하나하나마다 36백천억 광명이 나오느니라.

광명 하나하나마다 36백천억 화신불께서 나타나시니, 화신불의 색신은 자마진금 빛깔이고, 상호는 수승하고 장엄하시느니라. 일체 화신불 한 분 한 분께서는 또 백천 광명을 놓으시고, 시방세계 중생을 위하여 미묘 법문을 두루 연설하시느니라. 이와 같이 일체 화신불께서는 무량중생을 부처님의 정도(극락정토)에 각각 안온히 건립하도록 도와주시느니라."

제22품 구경의 불과 결정코 증득하리라

"그리고 또 아난아, 저 불국토에는 황혼과 어두움도 없고 불빛도 없고, 해와 달도 없고 별빛도 없고, 낮과 밤의 현상도 없으며, 또한 세월 겁수의 명칭도 없느니라. 또한 머물러 사는 집에 대한 집착도 없고, 일체 처소에 표식도 명칭·번지수도 이미 없으며, 또한 일체 경계의 취사분별도 없느니라. 오직 청정한 최상의 즐거움만 누리느니라.

만약 어떤 선남자 선여인이 이미 왕생하였거나 앞으로 왕생하거나 모두 다 정정취에 머물러서 결정코 아뇩다라삼막삼보리를 증득하리라. 왜 그러한가? 만약 사정취이거나 부정취에 머문다면 아미타부처님께서 건립하신 극락세계에 왕생하여 성불하는 정인을 깨달아 알 수 없기 때문이니라."

제23품 시방제불께서 찬탄하시다

"그리고 또 아난아, 동방에는 항하사 수만큼 많은 세계가 있고, 그 세계 하나하나 가운데 계시는 항하사만큼 많은 부처님께서 각자 광장설상을 내밀고, 무량한 광명을 놓으시며, 참되고 진실한 말씀으로 무량수불의 불가사의한 공덕을 칭양·찬탄하시느니라.

남·서·북방에 항하사만큼 많은 세계에 계시는 제불께서 칭양·찬탄하심도 또한 다시 이와 같으니라. 또 사유·상하에 항하사만큼 많은 세계에 계시는 제불께서 칭양·찬탄하심도 또한 다시 이와 같으니라.

왜 그러한가? 타방 세계의 모든 중생이 저 부처님의 명호를 듣고 청정한 마음을 내어 억념·수지하도록 하시고 귀의·공양하도록 하시며, 나아가 능히 일념의 청정한 믿음을 내고 일체 선근을 지극한 마음으로 회향하여 저 국토에 왕생하기를 발원하도록 하시려는 것이니라. 그 발원한 대로 모두 왕생하여 불퇴전지를 얻고 나아가 무상정등보리를 증득하느니라."

제24품 삼배왕생의 조건과 그 과보
부처님께서 아난에게 말씀하시기를, "시방세계 제천의 사람들로 그 중에 지극한 마음으로 저 나라에 태어나기를 바라는 자가 있으니, 무릇 세 가지 부류가 있느니라.
그 중에서 상배인 사람은 집을 버리고 욕심을 버리고서 사문이 되어 보리심을 발하고 일향으로 아미타불을 전념하며, 여러 공덕을 닦아 저 극락에 태어나기를 발원하느니라.
이러한 중생은 수명이 다하는 때 아미타부처님께서 여러 성중들과 함께 그 사람 앞에 나타나시고, 짧은 시간이 지나 곧 저 부처님을 따라 그 국토에 왕생하며, 문득 칠보 연꽃에서 저절로 화생하여 지혜와 용맹을 얻고, 신통이 자재하리라.
그 어떤 중생이 지금 세상에서 아미타부처님을 친견하고자 한다면 마땅히 위없는 보리심을 발하고, 다시 극락세계를 전념하며, 선근을 쌓고 모아서 지니고 회향할지니라. 이로 인해 부처님을 친견하고 저 국토에 태어나서 불퇴전지를 얻고 나아가 위없는 보리를 증득하느니라.
그 중배의 사람은 비록 사문이 되어 수행하며 공덕을 크게 닦을 수 없어도 위없는 보리심을 발하고 일향으로 아미타불을 전념하느니라. 자기 연분에 따라 수행하여 여러 좋은 공덕을 쌓나니, 재를 봉행하고 계행을 지키며, 탑과 불상을 세우고 사문에게 식사를 공양하며, 비단 깃대를 걸고 등불을 밝히며, 꽃을 뿌리고 향을 사르느니라. 이로써 회향 발원하여 저 국토에 태어나기를 발원하느니라.

그 사람이 임종할 때 아미타부처님께서 그 몸을 화현하시니, 부처님의 진신과 같은 광명과 상호를 지니고 계시며, 여러 대중에게 앞뒤로 둘러싸인 채로 함께 그 사람 앞에 나타나셔서 그를 거두어 인도하시니, 곧바로 화현하신 부처님을 따라 그 국토에 왕생하고, 불퇴전지에 머물러 위없는 보리를 증득하느니라. 공덕과 지혜는 상배 사람의 다음과 같으니라.

그 하배의 사람은 설사 여러 공덕을 지을 수는 없지만, 위없는 보리심을 발하고 일향으로 아미타불을 전념하며, 환희심으로 믿고 좋아하며 의심을 내지 않고 지극히 성실한 마음으로 그 국토에 태어나기를 발원하느니라.

이 사람이 임종할 때 꿈에 저 부처님을 친견하면 또한 왕생을 얻게 되느니라. 공덕과 지혜는 중배 사람의 다음과 같으니라.

만약 어떤 중생이 대승법문에 머무르며 한결같이 수행하고 청정한 마음으로 무량수불을 향하여 내지 십념이라도 그 국토에 태어나기를 발원하거나, 매우 깊은 염불법문을 듣고서 즉시 믿고 이해하여 내지 일념의 청정한 마음을 획득하고서 일념의 마음을 발하여 저 부처님을 염하면, 이 사람이 목숨을 마칠 때에 꿈속처럼 아미타부처님을 친견하고, 반드시 저 국토에 왕생하여 불퇴전지를 얻고 위없는 보리를 증득하게 되느니라."

제25품 삼배왕생의 정인

"그리고 또 아난아, 만약 어떤 선남자 선여인이 이 경전을 듣고 수지·독송·서사·공양하고 또한 밤낮으로 중단 없이 극락찰토에 태어나기를 구한다면, 나아가 보리심을 발하고 여러 금계를 지니고 견고히 지켜서 범하지 않고 또한 유정을 널리 이롭게 하고, 자신이 지은 선근을 빠짐없이 다 베풀어서 안락을 얻도록 하며, 자신도 서방극락의 아미타부처님과 저 국토를 억념한다면 이런 사람은 목숨이 다할 때 부처님과 같은 색신 상호와 온갖 공덕장엄을 지니고 보배 찰토에 태어나서 곧바로 아미타부처님을 친견하고 법문을 들으며 영원히 물러나지 않느니라.

그리고 또 아난아, 만약 어떤 중생이 저 국토에 태어나고자 한다면 비록 크게 정진하여 선정을 닦을 수 없다 할지라도 경전과 계율을 수지하면서 선업을 지어야 하느니라. 이른바 첫째 살생을 하지 말며, 둘째 도둑질을 하지 말며, 셋째 삿된 음행을 짓지 말며, 넷째 거짓말을 하지 말며, 다섯째 꾸미는 말을 하지 말며, 여섯째 험한 말을 하지 말며, 일곱째 이간질하는 말을 하지 말며, 여덟째 탐내지 말며, 아홉째 성내지 말며,

열째 어리석지 말지니라. 이와 같이 밤낮으로 극락세계 아미타 부처님의 온갖 공덕과 온갖 장엄을 사유하고, 지극한 마음으로 귀의하여 정례하고 공양을 올린다면, 이 사람이 임종할 때 놀라지도 두려워하지도 않고 마음이 전도되지도 않으며 곧바로 저 불국토에 왕생하게 되리라.

만약 하는 일과 지닌 물건이 번다하여 집을 떠날 수 없고, 재계를 크게 닦아 일심을 청정하게 할 겨를이 없다면 한가한 시간이 날 때 심신을 단정히 하여 욕심을 끊고, 근심을 내려놓고서 자비심으로 정진할지니라. 진노하거나 질투하지 말며, 음식을 탐하지도 아까워하지도 말며, 도중에 후회하지 말며, 여우처럼 의심하지 말지니라. 효도하고 순응하며, 지극한 성심으로 충성과 신의를 다할지니라. 부처님 경전 말씀의 깊은 뜻을 믿고, 선행을 하면 복을 얻게 됨을 믿을지니라. 이와 같은 모든 선법을 받들고 수지하되, 훼손하지도 잃어버리지도 말지니라.

어떻게 육도 윤회를 벗어날지 깊이 생각하고 잘 헤아리며, 밤낮으로 부처님을 그리워하고 생각하며 아미타부처님의 청정 불국토에 왕생하고자 발원하기를, 열흘 밤낮 내지 하루 밤낮 동안 중단하지 않는 사람은 목숨이 다할 때 모두 다 그 국토에 태어나리라.

보살도를 행한 여러 왕생하는 사람들은 모두 다 불퇴전지를 얻고, 모두 자마진금 빛깔의 몸과 32종 대장부상을 구족하여 모두 부처가 되리라. 어느 방위의 불국토에서든 부처가 되고자 하면 마음이 원하는 대로 그 정진에 따라 빠르고 늦음이 있어도, 쉬지 않고 도를 구하면 이를 얻을 것이고, 그 발원한 것을 잃지 않으리라.

아난아, 이러한 의리와 이익 때문에 무량무수·불가사의·무유등등·무량무변 세계의 제불여래께서 다 함께 무량수불의 모든 공덕을 칭양·찬탄하시느니라."

제26품 예배공양하고 법을 듣다

"그리고 또 아난아, 시방세계 여러 보살성중들은 극락세계 무량수불께 예배를 드리고자 하여 각자 향과 꽃, 당번과 보개를 가지고 부처님의 처소로 가서 공경하는 마음으로 공양을 올리고, 경법을 듣고 수지하느니라. 그런 후에 자신의 불국토로 돌아가 그 경법을 선포하고 바른 도로써 교화하여 극락세계의 공덕장엄을 칭양·찬탄하느니라."

이때 세존께서 곧 게송을 설하여 말씀하시기를,

동방에는 제불국토가 있나니 그 수가 항하사만큼 많고,
그곳의 항하사만큼 많은 보살성중이 무량수불께 나아가
예배하느니라.
남·서·북방과 사유·상하도 그러하니 모두 다 존중하
는 마음으로

여러 진귀하고 미묘한 공양구들을
무량수불께 받들어 올리느니라.

평안하고 단아한 음성을 내어 노래하며 찬탄하기를,
아미타불 최승존이시여!

(당신께서는) 신통력과 지혜를 구경까지 통달하여 깊은
법문에 들어가 자재하게 노니시옵니다.

(저희들은) 아미타불 성덕의 명호 들으면 안온히 (왕생불퇴
성불의) 큰 이익을 얻나니, 갖가지로 공양하는 가운데
게으르지 않고 싫증냄 없이 수행하겠나이다.

저 수승한 극락찰토를 관하니, 미묘하고 불가사의하며
공덕으로 두루 장엄되어 있어 제불국토는 비교하기 어렵
나이다.

이에 위없는 보리심을 발하여 속히 보리를 성취하기를
발원하나이다.

이때 (보살의 찬탄에) 감응하여 무량존께서 미소 가득한
얼굴로 환영하시고,

광명이 입에서 나와 시방세계를 두루 비추며, 다시 돌아
와 주위를 세 번 돈 후 부처님의 정수리로 들어가느니라.

보살은 이 광명을 보고 즉시 물러나지 않는 과위를 증득
하니, 이때 모인 일체 대중들이 서로 축하하며 기뻐하느
니라.

무량수불께서 설법하시는 음성은 청정하고 우레처럼

시방세계에 두루 들리며 여덟 가지 미묘한 음성으로 말씀하시나니,

「시방세계에서 오는 보살들이여!

그대들 심원을 내가 빠짐없이 다 알고 있나니, 큰 뜻 세워서 정토장엄을 구하면 수기 받아 반드시 부처가 되리라.

일체 유위법이 꿈 같고, 환 같고, 메아리 같은 줄 분명히 깨닫고서 여러 미묘한 서원을 모두 다 이루어 이러한 극락찰토를 반드시 성취할지어다.

그 국토도 그림자 같은 줄 깨닫고 항상 큰 서원의 마음을 낼지어다.

구경원만한 보살도를 실현하려면 여러 공덕의 근본을 구족할지니, 수승하고 위없는 보리행을 닦아야 수기 받아 반드시 부처가 되리라.

제법의 자성본체를 통달하여 일체 법이 공이고 무아임을 깨닫고서 자심으로 전일하게 청정불토 구하여 이러한 극락찰토를 반드시 성취할지어다.」

이 설법을 듣고서 좋아하며 신수봉행하면 지극히 청정한 경지를 얻고 반드시 무량존께 수기 받아 등정각을 성취하리라.

가없는 수승한 극락찰토는 무량수불의 본원력이 나타난 것이니, 무량수불의 명호를 듣고 왕생하고자 발원하면

저절로 불퇴전지에 이르게 되리라.

시방세계 보살들은 지극한 서원을 일으켜서 자기의 국토도 극락세계와 같아지길 발원하고, 두루 일체 중생을 제도하겠다는 평등 대비심으로 일체 중생에게 각자 위없는 보리심을 발하게 하여 저 윤회하는 몸 버리고 다 같이 피안에 오르게 하도다.

또한 만억의 부처님 받들어 모실 수 있나니, 무수히 화신 나투어 제불찰토를 두루 날아다니면서 공경히 예배 친견하고 법을 듣고 환희하며 다시 극락세계로 돌아오도다.

제27품 시방제불 공덕을 노래 찬탄하다

부처님께서 아난에게 말씀하시기를, "저 불국토 보살들은 무량수불의 위신력 가지를 받아 밥 한 끼 먹는 짧은 시간에 시방세계 가없는 청정찰토를 오가면서 제불께 공양하느니라.

꽃·향·당번과 같은 공양구들이 생각에 응하는 대로 바로 모두 손 안에 이르러 나타나니, 이들은 진기하고 미묘하며 기특하여서 세간에 존재하는 것이 아니니라. 이로써 제불과 보살성중에게 공양하느니라.

그 뿌려진 꽃들은 곧바로 공중에서 하나의 꽃으로 합쳐지고, 또 그 꽃들은 모두 아래로 향하여 단정하고 원만히 둘러싸면서 화개로 변화하느니라. 꽃은 백 천 가지 광명과 빛깔이 있고,

빛깔마다 각기 다른 향기를 내뿜고 그 향기를 두루 배이게 하느니라. 화개는 작은 것도 십 유순을 가득 채우느니라. 이와 같이 바뀌어 배가 되고 내지 삼천대천세계를 두루 덮느니라. 그 앞뒤를 따라서 차례로 변화하였다 사라지느니라. 만약 다시 새로운 꽃이 거듭 뿌려지지 않으면 앞에 뿌려진 꽃들이 끝까지 떨어지지 않느니라. 허공에서 함께 하늘 음악이 연주되면서 미묘한 소리로 시방제불의 공덕을 노래하고 찬탄하느니라. 짧은 시간이 지난 후 보살들이 본래 국토로 되돌아와 모두 다 칠보 강당에 모여 있노라면, 무량수불께서 큰 가르침을 자세히 베풀고 묘법을 연설하시니, 그 설법을 듣고 환희심을 내지 않는 이가 없으며, 모두 마음이 열려 뜻을 이해하고 도를 증득하느니라.

그러자 향기로운 바람이 칠보나무에 불어와 오음의 소리가 울려 나오고, 무량한 미묘한 꽃잎들이 바람 따라 사방 곳곳에 뿌려져서 자연의 공양이 이와 같이 끊어지지 않느니라. 일체 제천들도 모두 백천 가지 꽃향기와 만 가지 기악을 가지고 저 부처님과 여러 보살 성문대중에게 공양하며 앞뒤로 오고감이 흐뭇하고 즐거워 보이느니라.

이는 모두 다 무량수불의 본원 위신력의 가지로 말미암은 것이고, 일찍이 여래께 공양하여 선근이 상속되어 모자라거나 줄지 않는 까닭이며, 잘 수습한 까닭이고, 잘 섭취한 까닭이며, 잘 성취한 까닭이니라.”

제28품 극락세계 대보살의 위신광명

부처님께서 아난에게 말씀하시기를, "저 불국토에 있는 여러 보살성중은 누구나 다 팔방·상하와 과거·미래·현재의 일까지 빠짐없이 다 꿰뚫어 보고 철저하게 들을 수가 있느니라. 그들은 제천·사람들과 기거나 날거나 꿈틀거리는 벌레 부류들의 마음속 선하거나 악한 뜻이나, 입으로 하고자 하는 말이나, 어느 때에 제도·해탈할지, 어느 때에 도를 얻어 왕생할지 모두 미리 알 수 있느니라. 또한 저 불찰토 여러 성문대중의 신광은 일심의 거리만큼 비추고, 보살의 광명은 백 유순이나 비추느니라.

그 가운데 두 보살이 제일 존귀하나니, 두 보살의 위신광명이 삼천대천세계를 두루 비추고 있느니라."

이 말씀을 듣고 아난이 다시 부처님께 여쭈기를, "저 두 분 대보살의 명호는 무엇이옵니까?" 부처님께서 말씀하시기를, "한 보살은 관세음보살이라 하고, 또 한 보살은 대세지보살이라 이름하나니, 이 두 대보살은 사바세계에서 보살행을 닦았으며, 그 국토에 왕생하여서는 항상 아미타부처님의 좌우에 있고, 시방세계 무량한 부처님 처소에 가고 싶으면 마음대로 곧 도달할 수 있느니라. 지금도 이 세계에 있으면서 큰 이익과 큰 안락을 짓고 있느니라.

세간의 선남자 선여인이 만약 긴급한 위난·공포를 만났을 때라도, 단지 스스로 관세음보살에 귀명하기만 하면 해탈을 얻지 못할 자가 없으리라."

제29품 대보살의 원력은 크고 깊다

"그리고 또 아난아, 저 불찰토에 있는 모든 현재 · 미래의 일체 보살들은 누구나 다 구경에 일생보처의 지위를 얻게 되리라. 그러나 다만 대원을 세우고 생사윤회의 세계에 들어 여러 중생을 제도하기 위하여 사자후를 설하거나 큰 갑옷을 입고 큰 서원과 공덕으로 스스로 장엄하는 이들은 제외되느니라. 비록 오탁악세에 태어나 저들과 같은 모습을 나타내 보이지만, 성불에 이르기까지 언제나 악취를 받지 않나니, 왜냐하면 태어나는 곳마다 언제나 숙명을 알 수 있기 때문이니라.

무량수불의 뜻은 시방세계 모든 중생 부류를 제도 해탈하게 하심이니, 그들이 모두 그 국토에 왕생하도록 하시고, 다 열반의 도를 얻게 하시며, 보살도를 닦는 자들이 다 부처가 되도록 하시느니라. 이미 부처가 된 후에도 서로 번갈아 가르쳐 주시고, 서로 번갈아 제도 해탈시키시느니라. 이와 같이 번갈아 가며 가르치고 제도한 중생의 수는 이루 다 계산할 수 없느니라.

시방세계 성문보살과 모든 중생 부류가 저 불국토에 태어나 열반의 도를 얻어서 부처가 되는 자의 숫자는 이루 다 헤아릴 수 없을 정도로 많지만, 저 부처님 국토는 언제나 변하지 않는 일진법계이니, 절대 늘어나는 일이 없느니라. 왜 그러한가? 마치 물 중의 왕인 큰 바다는 온갖 종류의 물이 다 그 속으로 흘러 들어가더라도 결코 늘거나 줄어드는 일이 없는 것과 같은 이치이니라.

팔방·상하의 불국토는 수없이 많지만, 그 중에서도 아미타부처님의 국토는 장구하고 광대하며, 밝고 즐거워서 가장 홀로 수승하느니라. 이는 본래 보살이었을 때 서원을 세우고 도를 구하여서 여러 겁 동안 쌓은 공덕의 결과로 이루어진 것이니라. 무량수불의 은덕과 보시는 팔방·상하까지 다함도 없고 끝도 없으니, 그 깊고 광대함은 무량하여 말로 다할 수 없을 정도로 수승하느니라."

제30품 극락세계 보살의 수행생활

"또 아난아, 저 불찰토에 있는 일체 보살들은 선정과 지혜, 신통과 위덕을 원만하게 구족하지 않음이 없느니라.

극락세계 보살은 제불여래의 밀장을 구경까지 알아서 육근을 조복시키고 몸과 마음이 부드러워졌으며, 바른 지혜에 깊이 들어가 더 이상 어떤 습기도 남기지 않느니라. 부처님께서 행하신 바에 따라 칠각지와 팔정도를 닦고, 오안을 수행하여 진여본성을 밝히고 십법계 세속세계를 통달하나니, 육안으로 간택하고 천안으로 통달하며, 법안으로 청정하게 보고 혜안으로 진여실상을 보며, 불안을 두루 구족하여 제법의 체성을 깨달았느니라.

극락세계 보살은 갖가지 변재를 구족하고 총지를 얻어 자재하고 걸림이 없으며, 세간을 잘 이해하여 가없는 선교 방편으로 설법하시나니, 그 말씀하신 법은 참되고 진실하며, 의리와 법미에 깊이 들어가느니라. 모든 유정을 제도하기 위해 바른 도법을 연설하시나니, 「(경계 상에서) 상에 집착함도 조작함도 없으며, 무명번뇌도 해탈도 없으며, (수행 상에서) 일체 사량분별도 없으며, 전도망상을 멀리 여의느니라.」

일체 필요한 것들에 대해 탐내거나 집착하는 일이 없고, 부처님 국토를 두루 다니면서 좋다거나 싫다거나 하는 마음을 내지 않고, 또한 구하거나 구하지 않겠다는 생각도 없으며, 또한 남과 나의 구분도 없고 거스르고 원망하는 생각도 없느니라.

왜 그러한가? 저 여러 보살들은 일체 중생을 큰 자비로 이롭게 하려는 마음을 지니고 있는 까닭에 일체 집착을 버리고 무량공덕을 성취하느니라. 걸림 없는 지혜로써 일체 법의 여여한 진상을 철저히 이해하고, 고집멸도 사성제의 교법을 잘 알아서 선교방편의 말씀으로 중생을 잘 교화하며, 세간의 말을 좋아하지 않고 정법을 좋아하느니라.

극락세계 보살은 일체 법이 모두 다 공적한 줄 알아서 생사번뇌의 두 가지 남은 습기를 모두 다하도록 끊고, 삼계에서 구경원만한 일승의 법을 평등하게 부지런히 닦아 피안에 이르게 되느니라. 의심의 그물을 결단코 끊고, 무소득의 근본지를 증득하며,

방편지로써 후득지를 증장시키느니라. 무량수불의 본원 위신력의 가지로 신통에 안온히 머물러서 일승의 도를 증득하는 것이지, 다른 곳으로 말미암아 깨치는 것이 아니니라."

제31품 극락세계 보살의 진실한 공덕

"극락세계 보살의 지혜는 큰 바다와 같아 광대하고 깊으며, 보리는 수미산과 같아 높고 광대하며, 몸에서 나오는 위신광명은 해와 달을 뛰어넘으며, 그 마음은 설산과 같아 정결하고 순백하느니라.

극락세계 보살의 인욕은 대지와 같아 일체를 평등하게 받아들이고, 청정한 행은 물과 같아 온갖 티끌과 때를 씻어주며, 지혜는 타오르는 불과 같아 번뇌의 잡초를 태워 없애주며, 집착하지 않음은 바람과 같아 아무런 장애도 없느니라.

극락세계 보살은 천둥 같은 범음으로 어리석은 중생을 잘 깨우쳐 주며, 감로의 법을 비처럼 뿌려 중생을 적셔주며, 심량이 허공과 같이 광대하여 대자비심으로 평등하게 대하여 주며, 연꽃과 같이 청정하여 진흙탕을 여의게 하느니라. 대자비심이 니구류 나무 같아 넓은 그늘로 덮어주며, 지혜가 금강저와 같아 사견과 집착을 깨뜨려 없애주며, 신심과 원심이 철위산과 같아 온갖 마군과 외도들이 흔들어 놓을 수 없느니라.

극락세계 보살은 그 마음이 지극히 정직하고, 선교방편으로 설법하여 기꺼이 마음을 정하게 하며, 법을 논함에 싫어함도 없고, 법을 구함에 싫증내지도 않으며, 계율이 유리와 같아 안팎으로 밝고 깨끗하게 하며, 그들이 설한 법은 중생이 기뻐서 따르도록 하며, 법고를 크게 두드리고 법의 깃대를 높이 세우며, 지혜의 해를 비추어 어리석음의 암흑을 깨부수느니라. 몸가짐이 순박·청정·온화하며 선정에 들어 또렷하게 살필 수 있어서 중생의 대도사가 되어 나와 남을 조복시키느니라.

극락세계 보살은 중생을 인도하여 모든 애착을 버리도록 하고, 세 가지 때를 영원히 여의게 하여, 갖가지 신통에 자재하게 노닐게 하느니라. 인력·연력·원력으로 선근이 생기게 하고, 일체 마군을 꺾어 항복시키며, 제불을 존중하고 받들어 모시느니라. 그러므로 보살은 세간의 밝은 등불이고, 수승한 복전이며, 수승한 길상이며, 모든 중생의 공양을 받을 만하느니라.

극락세계 보살은 위엄·광명이 성대하고 마음속이 자재 온화하며, 용맹정진하고 설법에 두려움이 없으며, 몸의 빛깔과 상호, 공덕과 변재 등의 갖가지 장엄을 구족하여 더불어 견줄 이가 없느니라.

일체 제불께서 늘 다 함께 칭찬하시기를, 「극락세계 보살은 보살의 모든 바라밀을 구경 원만하게 이루어 불생불멸의 여러 삼마지에 항상 안온히 머물고, 시방세계 도량을 두루 다니면서 성문·연각 이승의 경계를 멀리 여의느니라.」

아난아, 내가 저 극락세계를 지금 간략하게 말하였나니, 그곳에 왕생한 보살들의 진실한 공덕이 모두 다 이러하여, 만약 상세하게 말한다면 백천만겁이 지나도 이루 다 말할 수 없느니라."

제32품 수명과 즐거움이 무극하다

부처님께서 미륵보살과 제천·인간 등에게 말씀하시기를, "무량수불의 국토에 있는 성문·보살들의 공덕과 지혜는 이루 다 말로 칭찬할 수 없고, 또한 그 국토의 미묘하고 안락하고 청정하게 장엄된 모습도 이와 같거늘, 어찌 중생이 힘써 선업을 닦지 않고 자성본연을 회복하는 대도(자기 성덕의 명호인 아미타불)를 염하지 않을 수 있겠는가!

극락세계 보살은 자유자재하게 출입하면서 부처님께 공양 올리고, 경법을 지혜로 관하여 일상에서 도를 실천하며, 오랜 시간 훈습하여 법희 충만하고 좋아하며, 재주가 뛰어나고 용맹하고 지혜로우며, 신심이 견고하여 도중에 물러나지 않고 게을리 하지 않느니라. 겉으로는 한가롭고 느릿느릿하게 보여도, 속으로는 쉼 없이 빨리 달려가고 있느니라. 그 심량은 허공과 같이 청정광대하여 일체를 포용하고, 꼭 알맞게 중도에 들어맞으며, 속마음과 겉모습이 하나로 상응하여 위의가 저절로 엄정하느니라.

극락세계 보살은 항상 자신을 점검하고 수렴하여서 행동을 단정히 하고 마음을 정직하게 하며, 몸과 마음이 항상 정결·청정하여 일체의 애욕과 탐욕이 없으며, 뜻과 원이 안정되어 더하거나 모자람이 없느니라. 도를 구함에 있어 화평하고 중정한 마음을 유지하고, 잘못된 사견에 기울지 않으며, 경전의 가르침에 따라 자기의 심행을 약속하여 감히 넘어지거나 틀어지지 않고, 또 먹줄을 친 듯 바른 마음·바른 행으로 모두 위없는 보리의 대도를 우러러 사모할 뿐이니라.

극락세계 보살은 마음이 한없이 넓어서 망념이 없기에 근심걱정이 전혀 없고, 그들의 행위는 자성본연에서 흘러나와 작위의 모습이 없으며, 그들의 마음은 허공과 같아 한 법도 세우지 않아서 담백하고 안온하여 어떤 욕망도 일으키지 않느니라. 생활에서는 선한 원을 세워 온 마음 다해 선교방편을 모색하고, 대자대비의 마음으로 중생을 이롭게 할 생각뿐이니라. 중생을 제도하는 방법은 세상의 예절과 의리에 모두 합치되고, 보살의 지혜는 일체 이와 사를 포용하고 받아들여 이로써 중생을 제도하고 일생에 해탈을 얻게 하느니라.

극락세계 보살은 조금의 조작함도 없이 잘 보임하고 지켜서 청정·정결·순백하며, 그들의 뜻과 원은 지극히 높아 위없고 청정하며 흔들리지 않아 안락에 이르니라. 단번에 활연히 개오하여 근본에 도달하고 마음을 밝혀 철저히 깨달으니, (그 진여실상은)「자성본연 중에 일진법계의 경계상이 나타나고, 일체현상에 자성본연의 근본자리가 있으며, 자성본연의 광명과 빛깔이 서로 뒤섞여서 변화가 무궁하고, 식이 전변(십법계를 의정 장엄)하니 가장 수승하느니라.」

울단월(북구로주)처럼 칠보로 이루어지고, 시방 허공 중에 두루 만물이 나타나며, 함께 광명을 놓고 정미로우며 명정하니, 그 아름답고 수승함은 어떤 세계와도 견줄 수 없느니라. 극락세계 보살은 또한 자성공덕을 원만히 구족하여 여여한 이치가 밝게 드러남에 상하 삼세가 없고, 일체 만법을 통달함에 시방 변제가 없느니라.

마땅히 각자 부지런히 정진할지니, 노력하여 스스로 구하면 반드시 단숨에 뛰어넘어 가서 아미타부처님의 무량청정국토에 왕생하리라.

오악취를 횡으로 뛰어넘으면 삼악도의 문이 저절로 닫혀버리거늘, (왕생불퇴 성불의) 무극의 수승한 대도 닦아 쉽게 갈 수 있는데, 가려는 사람이 없구나!

극락은 아무도 거절하고 외면하지 않는데, 타고난 죄업에 이끌려 다니는구나! 세간의 일체욕망 모두 다 버리고 허공처럼 한 법도 세우지 말지라.

부지런히 수행해 염불의 도, 왕생의 공덕 구하면 지극히 장수를 누려서 수명과 즐거움 무극할 텐데, 어찌해 세상사 탐착해 시끄럽게 떠들며 무상한 일에 근심하는가!"

제33품 권유 독려하여 정진하게 하시다

"세상 사람들은 급하지도 않은 일에는 서로 앞 다투어 쫓아다니지만, 생사윤회를 벗어나는 일에 관심조차 두지 않는구나!

지극히 악독하고 괴로움이 가득 찬 세상에서 몸과 마음을 고달 프게 부리면서 세상일 하느라 고생하며 자신의 욕망을 채우기 위해 쓸데없이 바쁘게 살아가는구나! 윗사람이거나 아랫사람 이거나 가난하거나 부유하거나 남녀노소 할 것 없이 하나같이 고민하고 근심 걱정하며 남보다 더 잘 되려는 마음에 실속 없이 뛰어다니기만 하는구나!

논밭이 없으면 논밭이 없어 걱정이고, 집이 없으면 집이 없어 걱정이고, 권속과 재물이 있어도 없어도 걱정이고, 이런 것이 있으면 저런 것이 적다고 여겨 남들과 똑같이 가지려고 하는구 나!

마침 조금 가지게 되면 또 생각지도 못한 사태가 일어나지 않을까, 물난리나 화재를 만나서 타버리고, 떠내려가고, 도적이 나 원수나 빚쟁이를 만나서 빼앗겨서 재물이 흩어지고 없어지 지 않을까 걱정하는구나!

마음이 인색하고 뜻이 완고하여 아무것도 내려놓지 못하고 연연하지만, 목숨이 다할 때 버리고 가야 하니, 그 무엇도 가지고 갈 수 없느니라. 이는 가난하거나 부유하거나 모두 똑같아서 모두가 만 갈래 근심과 고뇌를 지닌 채 살아가는구 나!

세상 사람들은 부자와 형제, 부부와 친척 사이에 서로 공경하고 사랑해야 하며, 서로 미워하거나 질투하는 일이 없어야 하느니 라. 재산이 있든지 없든지 간에 서로 도와야 하고 탐하거나 아까워하는 일이 없어야 하며, 말과 안색을 늘 부드럽게 가지고 서로에게 거슬리고 비뚤어지지 말아야 하느니라. 혹 때로는 마음에 다른 의견이 생겨 서로 양보하지 못하고, 혹 때로는 화내고 분노하는 일이 있어서 다음 세상에 더 치열해져 큰 원수가 되기도 하느니라. 그래서 세상일에 더욱 근심이 쌓이고 손해를 입게 되니, 비록 당장 닥치지 않을 때라도 서둘러 화해할 방법을 찾아야 하느니라.

세상 사람들은 누구나 애욕 속에서 홀로 나서 홀로 죽고, 홀로 가고 홀로 오며, 괴로움과 즐거움을 스스로 감당해야 하나니, 대신해줄 사람은 없느니라. 선악이 변화하여 태어나는 곳마다 선악의 업인이 따라 다니지만, 각자 가는 길이 달라서 다시는 만날 기약이 없나니, 어찌하여 건강할 때 선을 닦으려 노력하지 않고 무엇을 기다리고 있는가!

세상 사람들은 선악을 스스로 알지 못해 각자 경쟁하듯 길흉화복을 짓고, 자신이 어리석어 악업을 지으며 정신이 어두워서 지혜가 없느니라. 외도의 가르침을 이리저리 받아들이며, 전도된 마음이 계속 이어져서 육도윤회로 생사가 끊어지지 않고, 무상의 근본인 탐·진·치로 말미암아 악을 짓느니라. 정신이 멍하고 컴컴하여 부딪치고 충돌하는데 그 원인은 부처님의 말씀을 믿지 않기 때문이니라. 멀리 내다보지 못하고 각자 눈앞의 쾌락만 추구하는데, 이는 분노와 성냄에 미혹하고 재물과 여색에 탐착하여 끝내 그치지 못하기 때문이니, 애통하고 가슴 아플 따름이니라!

과거의 사람들은 선을 행하지 않고 도덕을 알지 못하였으며, 이를 말해주는 사람조차 없어 세상살이가 이런 지경에 이르렀으니, 전혀 이상할 것도 없느니라. 이들은 생사 육도윤회의 과보와 선악의 업인을 모두 믿지 않았고, 아예 이러한 일은 없다고 말하였느니라.

죽어서 이별하는 모습을 바라보면 스스로 알 수 있나니, 혹 부모는 자식이 죽어서 울기도 하고, 혹 자식은 부모가 죽어서 울기도 하며, 형제와 부부는 더욱더 서로 흐느껴 우나니, 한 사람은 죽고 한 사람은 살아서 서로 애틋하게 그리워하여 놓아버리지 못하고, 근심과 애착에 마음이 결박되어 벗어날 때가 없으며, 부부의 정을 생각하여 욕정을 여의지 못하느니라. 이러한 상황에 대해 깊이 생각하고 잘 헤아려서 전일하게 정성다해 도를 행할 수 없다면 나이와 수명이 다하는 때에 이르러 어찌할 도리가 없느니라.

도에 미혹한 자는 많지만, 도를 깨달은 자는 적어서 각자 남을 죽이려는 독한 마음을 품어 사악한 기운이 가득하고 마음이 어두컴컴해 망령되게 일을 저지르고, 자성의 천진하고 선량함을 거스르며, 제멋대로 죄를 짓고 극악무도하니, 문득 하늘에서 그 목숨을 빼앗아 악도에 떨어져 벗어날 기약이 없느니라. 그대들은 깊이 생각하고 잘 헤아려 온갖 악을 멀리 여의고, 선을 선택하여 부지런히 행할지니라. 애욕과 영화는 늘 유지될

수 없고, 모두 헤어져 여의는 것으로 즐거워할 만한 것이 하나도 없나니, 부지런히 정진하여 안락국에 태어나기를 구할지니라. 그곳에 태어나면 지혜에 밝고 통달하여 공덕이 수승하느니라. 욕망에 따라 멋대로 행동하지 말지니, 이해하고 행하는 것이 완전하지 못하고 결함이 있으며, 경전의 가르침을 저버리게 되어 윤회의 고통을 피하지 못하느니라. 설사 장래에 다시 이러한 법문을 만나서 왕생을 구한다 할지라도, 이미 다른 사람들보다 뒤처지게 되리라."

제34품 마음이 열리고 명백히 이해하다

미륵보살이 부처님께 아뢰기를, "부처님께서 말씀하신 가르침과 계율은 이치가 매우 깊고, 마음에 잘 와닿사옵니다. 모든 중생은 자비로운 은혜를 입어서 근심과 고통으로부터 벗어날 수 있사옵니다. 부처님께서는 법의 왕이 되시니, 그 존귀함은 모든 성인을 뛰어넘사옵니다. 광명 지혜는 시방세계를 사무쳐 비추고 통달하여 무극하니, 두루 일체 제천·인간의 스승이 되시옵니다. 지금 부처님을 뵙고 또한 아미타부처님의 말씀을 듣고 무량수경의 법음을 들을 수 있으니, 어찌 기쁘지 않을 수 있겠사옵니까? 저희들은 마음이 열리어 명백히 이해하였사옵니다."

부처님께서 미륵보살에게 말씀하시기를, "부처님을 공경하는 사람들은 모두 다 선근이 큰 사람이니, 성실하게 염불하여 여우같은 의심 끊어버리고, 모든 애욕을 뿌리뽑으며, 온갖 악의 근원을 막고서 삼계를 두루 다니며 아무런 걸림 없이 바른 도를 열어 보이고, 아직 제도 받지 못한 중생을 제도하느니라.

그대들은 마땅히 알지니, 시방세계 사람들이 무량겁 이래 다섯 갈래 길을 전전하면서 근심 고통을 끊지 못하여 태어날 때 고통을 겪고, 늙을 때 또한 고통을 겪으며, 병들어 극심한 고통을 겪고, 죽을 때 극심한 고통을 겪느니라. 몸에 악취가 나서 깨끗하지 못하니 즐겁다고 말할 수 없느니라. 그대들은 스스로 결단하여 마음의 때를 씻고, 언행을 성실히 하고 신뢰를 지켜야 하며, 겉과 속이 상응하여야 하느니라. 이러한 사람은 스스로를 제도하고 서로 번갈아 도와주고 제도할 수 있느니라.

지극한 마음으로 발원하고 구하여 선근의 근본을 쌓으면, 비록 한 세상 부지런히 고행정진할지라도 잠깐 사이일 뿐, 나중에 무량수불의 국토에 태어나 즐거움이 끝이 없고, 생사윤회의 근본뿌리를 영원히 뽑아버려 다시는 고통번뇌의 우환이 없으며, 수명이 천만 겁이고 뜻하는 대로 자재하리라.

그대들은 각자 정진하여 마음에 발원한 극락왕생을 구하며, 의심을 품고 도중에 후회하지 말지니라. 그러면 자신에게 허물이 되나니, 나중에 저 극락 변지, 칠보성에 태어나서 5백 년 동안 여러 액난을 받게 되리라."

미륵보살이 부처님께 아뢰기를, "부처님의 밝은 가르침을 받았사오니, 전일하고 순수하게 수학하고 가르침대로 봉행하여 감히 의심하지 않겠사옵니다."

제35품 오탁악세의 오악 · 오통 · 오소

부처님께서 미륵보살에게 말씀하시기를, "그대들이 이 세상에서 마음을 단정하게 하고 뜻을 바르게 하여 온갖 악을 짓지 않는다면 참으로 대덕이 되리라. 왜 그러한가? 시방세계에는 선이 많고 악이 적어서 쉽게 법문하고 쉽게 교화하지만, 오직 이 다섯 가지 악이 가득한 사바세계만이 가장 괴로움이 극심하니라. 지금 내가 이곳에서 부처가 되어 중생을 교화하여 오악五惡을 버리고, 오통五痛을 없애고, 오소五燒를 여의게 하여 그 생각을 항복시켜 바꾸어 다섯 가지 선을 지니게 하여 복덕을 얻게 하리라.

무엇이 다섯인가 하면, 그 첫째 악은 세간의 모든 중생 부류가 자신의 욕망에 따라 온갖 악을 짓는 것으로 강한 자는 약한 자를 억누르고, 서로 번갈아 견제하고 살해하며, 잔혹하게 죽이고 부상을 입히며, 서로 먹고 먹히기만 할 뿐, 선을 행해야 함을 알지 못하여 나중에 무서운 재앙과 벌을 받게 되느니라. 이런 까닭에 가난한 자와 거지, 고아와 독거노인, 귀머거리와 장님, 벙어리와 백치, 추악한 자와 절름발이, 정신병자 등이 있나니, 이는 모두 이전 세상에서 도덕을 믿지 않았고, 기꺼이 선을 행하려고 하지 않았기 때문이니라.

세간에는 존귀한 자와 부유한 자, 현명한 자와 장자, 지혜롭고 용맹하며 재능이 뛰어난 자 등이 있나니, 이는 모두 지난 세상에서 자비와 효를 행하여 선을 닦고 덕을 쌓았기 때문이니라.

세간에는 이렇게 눈앞에 나타나는 일들이 있어 목숨이 다한 후 어두운 저승에 들어가 몸을 받아 다시 태어나니, 몸의 형상이 바뀌고 육도가 바뀌게 되느니라. 이런 까닭에 지옥과 금수, 기거나 날거나 꿈틀거리는 벌레의 권속이 있나니, 비유컨대 세간의 법으로 감옥에 들어가 격심한 고통과 극형을 받는 것처럼 그 신식神識은 그 죄업에 따라 삼악도로 가서 고통을 받으며 그곳에서 받는 수명은 혹 길기도 하고 혹 짧기도 하느니라. 또한 원수와 빚쟁이처럼 서로 쫓아다니면서 같은 곳에 태어나 서로 보상을 받으려 하는데, 재앙과 악업이 다하기 전에는 끝내 여읠 수 없어 그 가운데 전전하면서 여러 겁이 지나도록 벗어나기 어려우며 해탈을 얻기도 어려우니, 그 고통은 이루 다 말할 수 없느니라.

천지간에 저절로 이러한 일이 있으니, 비록 즉시 갑작스럽게 과보를 받지 않는다 할지라도 선악은 반드시 과보를 받게 되느니라.

그 둘째 악은 세상 사람들은 법도를 따르지 않고 사치하고 음란하며, 교만하고 방종하며, 제멋대로 방자하게 행동하고,

윗자리에 있으면서 밝지 못하고, 지위가 있어도 바르지 않아서 다른 사람들을 모함하고 억울한 누명을 씌워 성실하고 착하게 살아가는 사람들에게 손해를 끼치며, 마음과 입이 각기 달라서 허위로 속이는 일이 많으며, 윗사람이거나 아랫사람이거나 가족이거나 바깥사람이거나 서로 속고 속이고 있느니라. 성내고 어리석어서 스스로 자기를 이롭게 하고자 더욱 탐내고 더 많이 소유하려 하다가 이익과 손해, 승리와 패배가 서로 엇갈려서 마침내 화를 참지 못해 서로 원수가 되고, 집안이 풍비박산이 나며, 자신이 망가져버려도 도무지 앞뒤를 돌아볼 줄 모르느니라.

어떤 사람은 부유하면서도 인색하여 도무지 베풀려고 하지 않고, 탐심이 무거워서 더 가지고 싶은 마음에 마음은 수고롭고 몸이 고달파도 끝내 따르는 것은 하나도 없고, 선악의 업력으로 화와 복만이 몸을 받을 때마다 따라다녀서 혹 즐거운 곳에 태어나기도 하고, 혹 고통스러운 곳에 태어나기도 하느니라. 또한 혹 어떤 사람은 선한 이를 보면 오히려 미워하고 헐뜯으려고만 할 뿐 공경하거나 배우고 싶은 마음이 없으며, 늘 빼앗고자 하는 마음을 품고 남의 이익과 재물을 빼앗아 자신이 사용하고, 모두 사용한 후에도 거듭 빼앗으려고 하느니라.

이러한 사람들은 신명(아뢰야식)에 반드시 기록되어 끝내 악도에 들어가니, 저절로 삼악도를 윤회하면서 무량한 고뇌를 겪게 되고, 그 가운데 전전하면서 여러 겁이 지나도록 벗어날 수 없어 그 고통은 이루 다 말할 수 없느니라.

그 셋째 악은 세상 사람들이 서로간의 업인에 기대어 태어나기 때문에 그 수명이 길어야 얼마나 되겠는가? 착하지 않은 사람은 몸과 마음이 올바르지 않아 늘 음란한 마음을 품고, 늘 방탕하게 놀 생각만 하여 욕망의 불꽃이 타올라 가슴 속에 가득하며, 음란한 행동이 바깥으로 드러나서 집안 재산을 다 탕진할 때까지 법도에 어긋난 일을 저질러도 추구해야 할 일을 오히려 행하려고 하지 않느니라.

또한 혹 어떤 사람들은 나쁜 이들과 결탁해 무리를 모아 군사를 일으켜 서로 싸우고 공격하며, 사람들을 겁탈하고 죽이며 강탈하고 협박하며, 여기서 얻은 재물을 자신의 처자 권속에게 쓰고 몸이 망가지도록 쾌락을 쫓기 때문에 사회대중이 모두 증오하고 싫어하느니라. 이 때문에 그들은 환난을 만나게 되어서 고통을 겪게 되리라.

이와 같이 악한 사람들은 인간과 귀신에게도 환히 드러나고, 신명(아뢰야식)에 기록되어 저절로 삼악도에 들어가서 무량한 고뇌를 겪게 되느니라. 이렇게 삼악도 가운데 전전하면서 여러 겁이 지나도록 벗어날 수 없으니, 그 고통은 이루 다 말할 수 없느니라.

그 넷째 악은 세상 사람들은 선행을 닦아야 한다고 생각하지 않아서 이간질하는 말과 거친 말, 거짓말과 현혹시키는 말로써 착한 사람을 미워하고 질투하며, 현명한 사람을 헐뜯고, 부모님께 불효하고, 스승과 어른을 낮추어 보아 버릇없이 굴며, 친구에게 신의가 없어 성실하다고 인정받지 못하느니라.

그들은 스스로 존귀하고 잘났다고 생각하며, 자신에게 진리가 있다고 말하느니라. 또한 제멋대로 행동하고 위세를 부리며, 다른 사람의 인격을 침범하여 그들이 자신을 두려워하고 공경하기를 바라면서, 스스로 부끄러워하거나 두려워할 줄 모르느니라.

그들은 조복시키거나 교화시키기 어렵나니, 늘 교만한 마음을 품고 있어 전생에 지은 복덕으로 아무 탈 없이 살고 있지만, 금생에 악업을 지어 그 복덕이 다 소멸되면 수명이 다해 죽을 때 여러 악업에 에워싸여 돌아가느니라.

또한 악인의 모든 죄업은 신명(아뢰야식)에 기록되어 있어 자신이 지은 죄업이 끌어당겨서 온갖 재앙으로부터 도망치거나 벗어날 길이 없고, 단지 전생에 지은 과보에 의해 지옥의 불가마 솥으로 끌려가 몸과 마음이 망가지고 부서지는 극심한 고통을 받게 되느니라. 그때 아무리 후회해도 이미 돌이킬 수가 없느니라.

그 다섯째 악은 세상 사람들은 범사에 머뭇거리고 게을러서 기꺼이 착한 일을 하지 않으려 하고 몸을 다스려 선업을 닦으려고 하지 않느니라. 부모님이 가르치고 타일러도 듣지 않고 오히려 빗나가고 반항하며 마치 원수처럼 지내니, 차라리 자식이 없는 것만 못하느니라. 은혜를 저버리고 의리도 없으며 보답하여 갚고자 하는 마음도 없느니라. 마음이 방자하여 제멋대로 놀러 다니고 술에 빠져 살고 맛난 음식만 밝히며, 거칠어서 제멋대로 날뛰고 걸핏하면 다른 사람과 충돌하며, 다른 사람의 사정도 배려하지 않고 의리도 없고 무례하여 그 누구도 타일러 깨우칠 수 없느니라. 집에 필요한 살림살이가 있는지 없는지 전혀 돌보지 않으며, 부모님의 은혜도 모르고 스승이나 친구에 대한 도리도 없느니라.

그들은 마음으로도 몸으로도 말로도 일찍이 한 번도 착한 일을 한 적이 없느니라. 그래서 제불의 경전과 설법을 믿으려 하지 않고, 생사윤회를 벗어날 수 있음과 선악인과의 도리도 믿지 않느니라. 나아가 진인(아라한)을 해치려고 하고, 승가를 교란시키려고 하느니라. 어리석고 무지몽매하면서도 오히려 스스로 지혜롭다고 여기느니라. 그래서 그들은 태어날 때 어디에서 왔는지, 죽을 때 어디로 떠나가는지 알지도 못하느니라. 그래서 마음이 어질지도 않고 이치에 순응하지도 않으면서 오래 살길 바라느니라.

그들은 자비심으로 가르치고 타일러도 도무지 믿으려 하지 않고, 쓴 소리로 말해도 그 사람에게 아무런 이익도 없느니라. 이렇듯 그들은 두터운 번뇌에 마음이 꽉 막혀서 아무리 좋은 말을 해도 마음속이 열리고 풀리지 않느니라. 이러한 사람도 그 수명이 다할 때 뉘우치고 두려워하나 뒤늦게 후회한들 이제 와서 무슨 소용이 있겠는가!

천지간에는 지옥·아귀·축생·인간·천인의 다섯 갈래 길이 분명하게 나누어져 있어 선과 악을 지으면 그 과보로 화와 복이 서로 이어지며, 자신이 지은 업은 자신이 받게 되어서 그 누구도 대신하지 못하느니라.

선한 사람은 착한 일을 행하여 즐거움에서 즐거움으로 들어가고, 밝음에서 밝음으로 들어가지만, 악한 사람은 나쁜 짓을 저질러 괴로움에서 괴로움으로 들어가고, 어두움에서 어두움으로 들어가나니, 누가 이러한 이치를 알 수 있겠는가? 오직 부처님만이 알고 계실 뿐이니라.

불법의 가르침을 열어 보이셨으나 이를 믿고 행하는 사람은 적나니, 쉬지 않고 생사에 윤회하고 끊임없이 악도에 떨어지느니라. 이와 같은 사람들이 많고 많아서 이루 다 말할 수 없느니라. 그런 까닭에 저절로 삼악도에서 무량한 고뇌를 겪게 되느니라. 그 가운데 전전하면서 세세 누겁에 벗어날 기약이 없고 해탈할 수도 없으니, 그 고통은 이루 다 말할 수조차 없느니라.

이와 같은 오악五惡·오통五痛·오소五燒는 비유컨대, 큰불이 타올라 몸을 태우는 것과 같으니라. 만약 스스로 그 가운데 일심으로 마음을 제어하고, 몸을 단정히 하고 생각을 바르게 하며, 언행이 서로 부합하며, 지은 바가 지극히 성실하며, 오직 여러 선을 짓고 온갖 악을 행하지 않으면, 그 몸은 홀로 생사를 벗어나서 그 복덕을 얻고 장수를 누리며 열반의 도를 성취하게 되리니, 이것이 다섯 가지 큰 선이니라."

제36품 거듭 가르치고 권하시다

부처님께서 미륵보살에게 말씀하시기를, "내가 그대들에게 말한 것처럼 이렇게 오악五惡·오통五痛·오소五燒가 번갈아가며 서로 인연이 되어 생겨나니, 감히 이러한 악을 저지르면 삼악도를 겪어야만 하느니라.

혹 어떤 이는 지금 세상에서 중병에 걸리는 재앙을 먼저 받아 죽고 싶어도 죽을 수 없고 살고 싶어도 살 수 없는 참혹한 지경에 처하나니, 이러한 나쁜 과보를 드러내어 대중에게 모두 보여주느니라. 혹 어떤 이는 목숨이 다한 후에 삼악도에 들어가 슬픔과 고통, 지극히 참혹한 과보를 받게 되나니, 자신의 업력에 이끌려 지옥의 불길이 거세게 타오르느니라.

원수들은 함께 모여 서로 해치고 죽이려고 하나니, 이러한 원한은 미세한 업인에서 시작되어 크나큰 곤란과 극렬한 보복으로 바뀌느니라. 이는 모두 재물과 색욕에 탐착하여 보시를 베풀려고 하지 않고, 각자 자신의 쾌락만 탐하여 더 이상 도리에 맞는지 틀린지 이해하지 못하고, 어리석음과 욕망에 떠밀려 자신만 중히 여기고 싸워서 이익을 취하려고 하기 때문이니라."

이렇게 부귀영화를 얻어 당장의 쾌락만을 즐길 뿐, 인욕할 줄 모르고 선을 닦는데 힘쓰지 않아 그 위세는 얼마 가지 않아 악업을 따라서 닳아져 없어지느니라.

천도(인과응보의 규율)를 시설하고 펼쳐서 저절로 바로잡아 단속

하나니, (악업이 무거워 과보가 바로 나타나면) 의지할 곳도 없어 놀라고 당황하며 반드시 그 가운데(삼악도)로 들어가야 하느니라. 예나 지금이나 모두 이러하니, (중생들이) 너무나 괴로워하는 모습에 가슴 아파하시느니라!

그대들은 불경의 말씀을 얻었으니, 이를 잘 사유하고 각자 스스로 몸과 뜻을 단정히 하며 가르침을 준수하여 목숨이 다할 때까지 게을리해서는 안 되느니라. 성인을 존중하고 선지식을 공경하며, 인자·박애의 정신으로 세상을 제도하기를 구하여 생사에 윤회하는 온갖 악의 근본을 뿌리뽑아 버리고, 삼악도에서 겪는 고뇌와 근심, 공포와 고통의 육도윤회를 여의어야 하느니라.

그대들이 선을 행함에 무엇이 첫째인가? 스스로 마음을 단정히 하여야 하고, 스스로 몸을 단정히 하여야 하며, 귀와 눈과 코와 입 모두를 스스로 단정히 하여야 할지니라. 몸과 마음을 청결히 하여서 선과 상응할지니라. 기호와 욕망을 따르지 말고, 여러 악을 범하지 말며, 말과 얼굴빛을 온화하게 할지니라. 몸으로 짓는 행업을 전일하게 하여야 하고, 동작을 살펴보아 안정되고 천천히 행할지니라. 서둘러서 급하게 일하면 실패하고 후회할 것이며, 진실하게 행하지 않으면 그 수행한 공을 잃어버리게 되느니라."

제37품 가난한 사람이 보배 얻듯이

"그대들은 널리 공덕의 근본을 길러야 하고, 계율을 범하지 말지니라. 인내심을 가지고 정진하고 자비심으로 살피며, 전일하게 뒤섞지 말고 수행할지니라. 재를 봉행하고 계행을 지키며 청정심으로 하루 밤낮 동안 수행한다면, 무량수불의 국토에서 백 년 동안 선을 닦는 것보다 수승하느니라. 왜 그러한가? 저 불국토의 중생은 모두 덕을 쌓고 온갖 선을 닦아서 털끝만큼도 악이 없기 때문이니라.

이 세상에서 열흘 밤낮 동안 선을 닦는다면, 타방세계 제불국토에서 천 년 동안 선을 행하는 것보다 수승하느니라. 왜 그러한가? 타방세계 불국토에는 복덕이 저절로 이루어져 악을 지을 곳이 없기 때문이니라.

오직 이 세간만이 선은 적고 악은 많아서 괴로움을 마시고 번뇌를 밥 먹듯이 하면서 한번도 제대로 편안하게 쉬어 본 적이 없느니라.

그래서 내가 그대들을 불쌍히 여겨 고심해서 가르치고 설명하여 경법을 전수하나니, 모두 다 수지하여 사유하고, 모두 다 봉행하도록 하라. 윗사람이거나 아랫사람이거나 가족 권속들이거나 아는 지인들에게 서로 이 가르침의 말씀을 전하도록 하라. 스스로 약속하고 점검하여 화해하고 수순하며, 공정하고 합리적으로 살아가도록 하라. 그리하여 범사에 기뻐하고 즐거워하며, 모든 이에게 자비와 효의 마음이 가득하도록 하라. 자신이 행한 일에 과실을 범했다면 스스로 참회하여 악을 없애고 선으로 나아가며, 아침에 들었으면 저녁에 고쳐야 하느니라. 계율을 경전처럼 받들어 지키기를 마치 가난한 사람이 보배 얻듯이 소중히 하여 과거의 악행을 고치고 미래의 선행을 닦아야 하느니라. 마음속의 때를 깨끗이 씻고 행동을 바꾼다면 부처님께서 저절로 감응하여 가피를 내리실 것이니, 원하는 바를 모두 얻게 되리라.

부처님의 가르침이 작용하는 곳은 국가나 대도시나 지방도시나 마을에 이르기까지 교화를 입지 않은 곳이 없어 천하는 화순하고, 해와 달이 청명하며, 비바람이 때에 맞추어 불고, 재난이 일어나지 않으며, 나라는 풍요롭고 국민은 편안하여 병사와 무기를 쓸 일이 없느니라. 또한 사람들은 도덕을 숭상하고, 인자한 사랑을 베풀며, 힘써 예절과 겸양을 닦아, 나라에 도적이 없으며, 원망하고 억울한 사람이 없으며, 강한 자가 약한 자를 능멸하지 않고, 각자 자신의 자리를 잡느니라.

이처럼 내가 그대들을 불쌍히 여기는 마음은 부모가 자식을 생각하는 것보다 더 하느니라.

나는 이 세상에서 부처가 되어 선으로써 악을 다스려 생사의 괴로움을 뽑아버리고, 다섯 가지 덕을 얻고 무위의 안온한 자리에 오르도록 하리라.

내가 이 세상에서 반열반에 든 후 경전에서 말씀하신 도가 점점 사라지게 되리라. 사람들은 아첨하고 속이며, 다시 온갖 악을 지어서 오소五燒·오통五痛이 오랜 후에 점점 더 심해질 것이니, 그대들은 서로 가르쳐 주고 훈계하며, 불경에서 말씀하신 법대로 행하고 어겨서는 안 되느니라." 이에 미륵보살이 합장하고 말씀드리기를, "세상 사람들이 오악五惡을 지어 받는 오통五痛·오소五燒의 괴로운 과보는 이와 같고, 이와 같사옵니다. 부처님께서는 널리 자비를 베푸시고 불쌍히 여기시어 (중생 한 사람 한 사람) 빠짐없이 다 고통의 바다에서 벗어나길 바라시옵니다. 이제 부처님의 간곡하신 가르침을 받았사오니, 감히 거스르거나 잃어버리는 일이 없도록 하겠사옵니다."

제38품 예불드리니 광명을 나타내시다

부처님께서 아난에게 말씀하시기를, "아난아, 그대들이 무량청정평등각이신 아미타부처님과 여러 보살 아라한 등이 살고 있는 극락국토를 보고자 한다면 마땅히 해가 지는 곳, 서쪽을 향하여 서서 공경하며 머리 조아려 예배하고 「나무아미타불」을 칭념하도록 하라."
이에 아난은 바로 자리에서 일어나서 서쪽을 향해 합장하고 머리 조아려 예배하며 여쭈기를, "원하옵건대, 제가 지금 극락세계의 아미타부처님을 뵙고, 공양하며 받들어 모시고 여러 선근을 심고자 하옵니다." 이렇게 머리를 조아려 예배하는 순간, 홀연 아미타부처님을 친견하게 되었나니, 그 용안이 광대하시고 법신 상호가 단정 엄숙하여 마치 황금 산이 일체 여러 세계 위로 우뚝 솟아있는 것 같았다. 또 시방세계 제불 여래께서 아미타부처님의 온갖 공덕을 칭양·찬탄하시니, 그 소리가 진허공·변법계에 걸림이 없고 미래제가 다하도록 끊어지지 않고 들렸다.

아난이 아뢰기를, "저 부처님의 청정찰토는 일찍이 없었사옵니다. 저도 또한 즐거운 마음으로 저 국토에 태어나기를 원하옵나이다." 세존께서 말씀하시기를, "그 가운데 태어나는 자들은 이미 무량 제불을 가까이 하면서 온갖 공덕의 근본을 심었던 자들이니라. 그대가 저 국토에 태어나고자 한다면 일심으로 부처님을 우러러 귀의하여야 하느니라." 이 말씀을 하실 때, 아미타부처님께서 즉시 손바닥에서 무량한 광명을 놓아서 일체 제불세계를 두루 비추시었다. 그때 제불국토가 모두 빠짐없이 다 분명하게 나타나니, 마치 일심의 거리에 있는 것 같았다. 아미타부처님의 수승한 광명이 지극히 청정한 까닭에 이 세계의 모든 흑산과 설산, 금강산과 철위산, 크고 작은 여러 산과 강, 숲과 천인의 궁전 같은 일체 경계에 두루 비추지 않는 곳이 없었다.

비유컨대, 해가 떠올라 세상을 밝게 비추듯이 지옥도·축생도·아귀도까지도 빠짐없이 다 활짝 열어서 하나의 빛깔이 되어, 마치 물의 재앙이 온 세상을 가득 채우고 그 가운데에 만물이 잠겨서 보이지 않으며, 넘실대는 물결이 끝없이 펼쳐진 물바다만 보는 것 같았다. 아미타부처님의 광명도 또한 이와 같아서 성문과 보살의 일체 광명은 모두 다 가려 덮이고, 오직 아미타부처님의 광명만이 밝고 환하게 비추었다.

이 법회에 모인 사부대중과 천룡팔부, 인·비인 등이 모두 극락세계의 갖가지 장엄을 보았고, 아미타부처님께서 저 높은 연화대에 앉아 계시며 드높은 위덕을 드러내시고 상호에서 광명을 비추는 모습을 보았으며, 성문과 보살들이 아미타부처님을 공경히 둘러싸고 있음을 보았나니, 비유컨대 마치 수미산왕이 바다 수면 위로 솟아올라 밝게 나타나서 찬란하게 비추는 것 같았다. 그 세계는 청정하고 평정하여 온갖 더러운 것들이나 이상한 것들이 전혀 없었고, 오직 온갖 보배로 장엄되어 있는 곳에서 성현들이 같이 머물러 있을 뿐이었다.

아난과 모든 보살성중 등이 다 같이 크게 환희하고 뛸 듯이 기뻐하며, 머리를 땅에 대고 예배하면서 칭념하기를, "나무아미타삼먁삼불타!"라고 하였다.

제천·사람들로부터 기거나 날거나 꿈틀거리는 벌레에 이르기까지 이 빛을 본 자는 누구나 모든 질병의 괴로움이 멈추지 않은 이가 없었고, 일체의 근심과 번뇌 또한 벗어나지 않은 이가 없었으며, 모두 다 자애의 마음으로 선업을 지으면서 기뻐하고 즐거워하였다. 종과 경쇠, 거문고와 공후와 같은 악기들을 연주하지 않아도 저절로 모두 오음의 소리가 울려 나왔고, 제불국토에서는 제천·사람들이 각자 꽃과 향을 가지고 와서 허공에 흩뿌리며 공양하였다.

이때 극락세계는 서방으로 백천구지 나유타(십만억) 국토를 지나서 있지만, 부처님의 위신력으로 마치 눈앞에 있는 것처럼 보였고, 마치 청정한 천안으로 일심의 거리에 있는 땅을 보는 것 같았다. 극락세계 보살이 이 땅을 보는 것도 또한 이와 같아서 모두 다 사바세계의 석가여래께서 비구들에게 둘러싸여 설법하시는 모습을 바라보았다.

제39품 미륵보살이 본 경계를 말하다

이때 부처님께서는 아난과 미륵보살에게 말씀하시기를, "그대들은 극락세계의 궁전과 누각, 연못과 숲 등이 미묘·청정·장엄함을 구족하고 있음을 보았느냐? 그대들은 욕계 제천에서 위로는 색구경천에 이르기까지 여러 향과 꽃이 비 오듯 내려 두루 불찰토를 장엄하는 것을 보았느냐?" 아난이 대답하기를, "예, 그렇사옵니다. 이미 보았나이다."

"그대들은 아미타부처님의 큰 음성이 일체 세계에 두루 퍼져서 중생을 교화하시는 것을 들었느냐?" 아난이 대답하기를, "예, 그렇사옵니다. 이미 들었나이다."

부처님께서 말씀하시기를, "그대들은 저 국토에서 청정한 행을 구족한 성중들이 허공을 노닐 적에 궁전이 몸을 따라 다녀 아무런 장애되는 것이 없고, 시방세계를 두루 다니면서 제불께 공양하는 것을 보았느냐? 그들의 염불소리가 계속 이어지는 것을 보았느냐? 또 온갖 새들이 허공계에 머물며 갖가지 소리

내는 것이 모두 다 부처님께서 변화하여 지은 것임을 그대들은 빠짐없이 다 보았느냐?" 미륵보살이 아뢰기를, "부처님께서 말씀하신 대로 하나하나 모두 보았나이다."

부처님께서 미륵보살에게 말씀하시기를, "저 국토의 사람들 중에 태에서 나는 사람을 너희들은 또한 보았느냐?" 미륵보살이 아뢰기를, "세존이시여, 저희들은 극락세계 사람들 중에 태에 머무는 자들이 야마천인처럼 궁전에 있으면서 즐거워하는 모습을 보았나이다. 또 연꽃 안에서 가부좌를 하고 저절로 변화하여 나는 것도 보았나이다. 무슨 인연으로 저 국토의 사람들 중에는 태생인 자도 있고, 화생인 자도 있사옵니까?"

제40품 변지, 의심의 성에 갇히다

부처님께서 미륵보살에게 말씀하시기를, "어떤 중생은 의심하는 마음으로 여러 공덕을 닦아서 저 국토에 태어나기를 발원하지만, 부처님의 지혜가 부사의지(성소작지)·불가칭지(묘관찰지)·대승광지(평등성지)·무등무륜최상승지(대원경지)임을 깨닫지 못하여 이러한 여러 지혜에 대해 의심을 품고 믿지 않지만, 윤회는 죄이고 왕생은 복임을 깊이 믿어서 선근의 근본을 닦고 익혀 그 국토에 태어나기를 발원하느니라.

또한 어떤 중생은 선근을 쌓고 불지·보편지·무등지·위덕광대부사의지를 희구하면서도 자신의 선근에 대해 믿음을 낼 수 없는 까닭에 청정한 불국토에 왕생하고자 하는 의지가 약해서 머뭇거리며 한결같이 지탱하지 못하느니라. 그렇지만 끊임없이 염불이 계속 이어져서 그 공덕으로 선한 발원이 근본이 되어 결실을 맺어서 여전히 왕생할 수 있느니라.

이러한 여러 사람들은 이 인연으로 비록 저 국토에 왕생할지라도 무량수불의 처소 앞에 이르지 못하고, 길이 끊겨 불국토의 경계에 있는 변지·칠보성 가운데 머무느니라. 이는 부처님께서 그렇게 하도록 만든 것이 아니고, 몸으로 행하여 지은 것으로 마음이 저절로 향한 것이니라. 또한 보배 연못에 연꽃이 있어서 저절로 몸을 받아 음식을 먹고 누리는 즐거움은 도리천과 같으니라.

그들은 그 성 안에서 나올 수 없고, 거주하는 궁전은 지상에만 있고 마음대로 크고 작게 할 수 없느니라. 5백세 동안 부처님을 친견하거나 경전 설법을 들을 수 없으며, 보살·성문 성중을 볼 수도 없느니라. 그 사람의 지혜는 밝지 못하고, 경전의 의리도 아는 것이 깊지 않으며, 마음이 열려 이해하지 못하고, 마음이 기쁘거나 즐겁지 못하느니라. 이런 까닭에 그들을 태생이라 부르느니라.

어떤 중생이 부처님의 지혜 내지 수승한 지혜를 명료하게 알고 깊이 믿으면서 의심을 끊어 제거하고, 자신의 선근을 믿으면서 여러 공덕을 지어 지극한 마음으로 회향한다면, 이러한 중생은 모두 칠보연꽃 가운데 저절로 화생하여 결가부좌하여 앉자마자 순식간에 여러 보살들과 같이 상호와 광명, 지혜와 공덕을 구족하여 성취하느니라. 그러므로 미륵이여, 그대들은 알아야 할지니, 저 화생으로 왕생한 사람들은 지혜가 수승한 까닭이니라.

저 태생으로 왕생한 사람들은 5백세 동안 삼보를 만나지 못하며 보살의 수행생활 방법을 몰라 공덕을 닦아 익힐 수 없고, 무량수불을 받들어 모실 수도 없느니라. 그러므로 그대들은 알아야 할지니, 이 사람들은 과거 세상에 있을 때 지혜가 없어 의심의 성에 이르게 된 것이니라."

제41품 의심이 다 끊어져야 부처님을 친견한다

"비유컨대, 전륜성왕이 칠보로 감옥을 지어놓고 왕자들이 죄를 지으면 그 안에 가두는 것과도 같아서 그 감옥에는 여러 층의 누각과 화려한 궁전으로부터 보배 휘장과 황금 침상, 난간과 창문, 의자 등에 이르기까지 모두 진귀한 보배로 미묘하게 장식되어 있으며, 음식과 의복은 전륜성왕과 같이 누리지만 그 두 발은 황금 족쇄로 묶여 있으니, 여러 어린 왕자들이 어찌 그곳에서 즐겁게 지내겠느냐?"

미륵보살이 아뢰기를, "아니옵니다. 세존이시여. 그들이 감옥에 갇혀 있을 때 마음은 자재하지 않아 단지 갖가지 방편을 써서 그곳을 벗어나고자 하고, 여러 가까운 측근 대신들에게 도움을 구하지만 끝내 마음대로 되지 않을 것이옵니다. 전륜성왕이 기뻐할 때 비로소 풀려날 수 있사옵니다."

부처님께서 미륵보살에게 말씀하시기를, "저 여러 중생도 이와 같으니라. 만약 부처님 지혜인 광대한 지혜를 희구하는 일에 의심하고 후회에 빠지거나 자신의 선근에 대해 믿음을 낼 수 없다면, 부처님의 명호를 듣고서 신심을 일으킨 까닭에 비록 저 국토에 왕생하여도 연꽃 안에서 나오지 못하느니라.

저 연꽃 태 안에 있는 것은 마치 화원과 궁전 안에 있는 것과 같으니라. 왜 그러한가? 그 안에 있어서 어떤 더러움도 악도 없이 청정하지만, 5백세 동안 삼보를 만나지 못하고 제불께 공양을 올리거나 받들어 모실 기회가 없어 일체 수승한 선근을 닦을 수가 없느니라. 이를 괴로움으로 여기니 기뻐하고 좋아하는 마음이 생기지 않느니라.

만약 이 중생이 그 죄의 근본을 알아서 스스로 깊이 참회하고 자책하면서 그곳에서 벗어나길 구한다면 과거세에 지은 과실이 다하고 난 후에야 그곳을 벗어나서 바로 무량수불의 처소로 가서 참예하고 경법을 들을지라도 오래오래 들어야 개오하고 환희하게 되며, 또한 무량무수한 제불께 두루 공양하고 여러 공덕을 닦을 수 있느니라.

그대 아일다여, 의심은 여러 보살들에게 너무나 큰 손해가 되며, 큰 이익을 잃게 된다는 사실을 알아야 할지니, 이런 까닭에 제불의 위없는 지혜를 분명히 이해하고 깊이 믿어야 하느니라."

미륵보살이 아뢰기를, "왜 이 세계, 어떤 부류의 중생은 비록 선을 닦기는 하나 왕생을 구하지 않사옵니까?" 부처님께서 미륵보살에게 말씀하시기를, "그와 같은 중생은 지혜가 미천하여 서방극락세계가 천상세계에 못 미친다고 분별하고, 즐겁지 않다고 여겨 저 정토에 태어나기를 구하지 않느니라."

미륵보살이 아뢰기를, "이러한 중생은 허망한 분별심을 내어서 불찰토를 구하지 않으니, 어떻게 하여야 윤회를 면할 수 있겠사옵니까?"

부처님께서 말씀하시기를, "저들은 자신이 심은 선근에 대해 상을 여의지 못하고, 부처님의 지혜를 구하지 않으며, 세간의 즐거움과 인간의 복보에만 깊이 집착하여서 비록 복을 닦는다 할지라도 인천의 과보만 구하여 과보를 받을 때 일체가 풍족하지만 결코 삼계의 감옥을 벗어날 수 없느니라. 설사 부모와 처자, 남녀 권속들이 서로 구해 주려고 할지라도 삿된 견해와 업력에 휘둘려서 버리고 떠날 수가 없으며, 항상 윤회에 머물러 자재함을 얻을 수 없느니라.

그대는 어리석은 사람들이 선근을 심지 않고, 단지 세간의 총명지혜와 변재만 가지고 삿된 마음을 증장시키는 것을 보았느냐? 이러한 사람들이 어떻게 생사의 큰 어려움을 벗어날 수 있겠느냐?

또한 어떤 중생은 비록 선근을 심어서 큰 복전을 일구었지만, 상에 취착하고 분별하여 감정적인 집착이 깊고 무거워서 윤회를 벗어나길 구해도 끝내 이룰 수 없느니라.

만약 상에 집착하지 않는 지혜를 가지고 온갖 공덕의 근본을 심으면, 몸과 마음이 청정하여 분별 집착을 멀리 여읠 수 있느니라. 이때 청정 찰토에 왕생하기를 구하면 부처님의 무상보리를 향해 나아갈 수 있고, 이번 생에 불찰토에 왕생하여 영원히 해탈을 얻을 수 있느니라."

제42품 많은 보살들이 왕생하다

미륵보살이 부처님께 여쭈기를, "지금 이 사바세계와 여러 불찰토의 불퇴전지 보살들은 얼마나 많이 저 극락국토에 왕생하겠사옵니까?"

부처님께서 미륵보살에게 말씀하시기를, "이 세계에 있는 7백 20억 보살은 이미 일찍이 무수히 많은 제불께 공양을 올린 자들로 온갖 공덕의 근본을 심어서 저 부처님 국토에 왕생하리라. 또한 여러 소행보살들로 공덕을 닦고 익혀서 왕생할 수 있는 자들은 이루 다 헤아릴 수 없이 많으니라.

나의 찰토에 있는 여러 보살들이 저 국토에 왕생할 뿐만 아니라, 타방 불국토의 보살들도 또한 이와 같으니라. 원조불의 찰토로부터 18구지 나유타 보살마하살이 저 국토에 왕생하리라. 또한 동북방의 보장불 찰토에서는 90억의 불퇴전지 보살들이 저 국토에 왕생하리라. 또한 무량음불의 찰토·광명불의 찰토·용천불의 찰토·승력불의 찰토·사자불의 찰토·이진불의 찰토·덕수불의 찰토·인왕불의 찰토·화당불의 찰토에서 불퇴전지 보살들로 왕생한 자는 혹 수백억이거나, 혹 수백천억이거나 내지 만억에 이르느니라.

그 열두째 부처님께서는 무상화라고 이름하나니, 저 찰토에는 무수한 여러 보살성중이 있어 모두 다 불퇴전지 보살들로 지혜롭고 용맹하여 이미 일찍이 무량 제불께 공양을 올렸으며, 대정진을 구족하고 발심하여 일승을 향해 나아가서 7일 중에 대보살들이 백천억겁 동안 닦은 견고한 법을 섭취할 수 있으므로 이들 보살은 모두 다 왕생하리라.

그 열셋째 부처님께서는 무외라 이름하나니, 저 찰토에는 790억의 대보살성중들이 있고 여러 소행보살 및 비구 등도 이루 다 헤아릴 수없이 많은데 그들이 모두 다 왕생하리라.

시방세계 제불의 명호와 보살성중으로 왕생할 자들은 다만 그 이름만 말해도 궁겁이 지나도록 말하지 못하리라."

제43품 홀로 가는 소승이 아니다

부처님께서 미륵보살에게 말씀하시기를, "그대들은 저 여러 보살마하살들이 진실의 이익을 잘 획득하는 것을 보아라. 만약 어떤 선남자 선여인이 아미타부처님의 명호를 듣고서 일념으로 좋아하는 마음이 생겨서 귀의하여 우러러 예를 갖추고 말씀대로 수행한다면 그대는 마땅히 알지니, 그 사람은 큰 이익을 얻게 되고 위에서 말한 공덕을 획득하리라. 어떤 하열한 마음도 없고 또한 잘난 체하지도 않으며, 선근을 성취하고 모두 다 증장시키리라. 그대는 마땅히 알지니, 이러한 사람은 소승이 아니고, 나의 법에서 「제일제자」라 이름하리라.

이런 까닭에 그대들 천인·세간·아수라 등에게 이르노니, 마땅히 이 법문을 좋아하고 수습하여서 희유하다는 마음을 내고, 이 경전 가운데 나를 인도하는 스승이 있다는 생각을 내도록 할지니라. 그리하여 무량 중생이 하루 빨리 불퇴전의 자리에 안온히 머물도록 하고, 저 광대 장엄하고 섭수가 수승한 불찰토를 보고 원만한 공덕을 성취하고자 한다면 더욱 정진심을 일으켜 이 법문을 듣도록 할지니라. 이 법문을 구하고자 하는 까닭에 물러서고 굴복하거나 아첨하고 속이는 마음을 내지 않도록 할지니라.

설사 큰 불길 속에 들어갈지라도 의심하거나 후회해서는 안 되나니, 무슨 까닭인가? 저 무량 억의 여러 보살 등은 모두 다 이 미묘한 법문을 희구하기 때문에 법문을 존중하며 경청하고, 그 가르침에 거스르는 마음을 내지 않느니라. 시방세계 수많은 보살들이 이 경전을 듣고자 하지만 들을 수 없나니, 이런 까닭에 그대들은 이 법을 구할지니라.”

제44품 보리수기를 받다

“만약 부처님께서 멸도하신 후 내지 정법이 멸할 때까지 인연 있는 중생이 모든 선근의 근본(염불)을 심고 이미 일찍이 무량 제불께 공양하였다면, 저 여래의 위신력 가지로 말미암은 까닭에 이와 같은 광대한 법문(무량수경)을 얻을 수 있느니라. (아미타부처님께서 우리를) 섭취(접인)하시리니 이 법문을 수지하면 반드시 광대한 일체지지一切智智를 획득할 수 있고, 저 법문에 대해 광대하고 수승하게 이해하여 큰 환희심을 낼 것이며, 다른 사람을 위해 자세하게 설하여 항상 즐겨 수행하라고 권하리라. 여러 선남자 및 선여인 중에서 이 법에 대해 이미 구한 이도 있고, 현재 구하는 이도 있으며, 장래에 구할 이도 있으리니, 모두가 수승한 이익을 얻을 수 있느니라. 그대들은 이 법문에 안온히 머물러서 의심하지 말고, 모든 선근의 근본을 심을 것이며, 항상 수습하여 의심과 장애가 없도록 할지니라. 그러면 곧 (여러 천상의) 일체 갖가지 진귀한 보배로 이루어진 감옥에 들어가지 않으리라.

아일다여, 이와 같은 여러 부류의 대위덕을 지닌 사람들이 불법의 광대한 특별법문을 마음속에 일으킬 수 있을지라도 이 법문을 듣지 못한 까닭에 사바세계에서 1억 명의 보살들이 아뇩다라삼먁삼보리에서 물러나게 되느니라.

만약 어떤 중생이 이 경전을 서사·공양하고 수지·독송하거나 잠깐이라도 다른 사람을 위해 이 경전을 연설하고 독송하기를 권하며, 근심과 번뇌를 일으키지 않고 내지 밤낮으로 극락세계 및 무량수불의 공덕을 사유한다면 위없는 도에서 끝내 물러나지 않으리라.

그 사람이 목숨을 마칠 때 설사 삼천대천세계에 큰불의 재난이 가득할지라도 또한 벗어나서 저 정토에 태어날 수 있느니라. 이 사람은 이미 일찍이 과거에 부처님을 만나 보리수기를 받았고, 일체 여래께서 다 함께 칭찬하셨느니라. 이런 까닭에 전일한 마음으로 믿고 받아들여서 수지·독송하고 연설하며 봉행하느니라."

제45품 이 경전만 홀로 남는다

"내가 지금 모든 중생을 위해 이 경법을 설한 것은 그들이 무량수불과 그 국토에 있는 일체 모든 것을 볼 수 있도록 하기 위함이니, 극락에서 마음으로 하려는 것은 모두 다 구할 수 있느니라. 내가 열반에 든 이후에라도 다시는 의심을 품어서는 안 되느니라.

오는 세상에는 경전과 도법이 모두 사라지리라. 나는 대자비심으로 중생을 불쌍히 여겨 특별히 이 경전을 남기어 백 년 동안 머물게 하리니, 그때 어떤 중생이든 이 경전을 만나는 사람은 뜻하고 발원한 대로 모두 제도 받을 수 있으리라.

여래께서 세상에 출현하심은 만나기도 어렵고 뵙기도 어려우며, 제불의 경전과 도법은 얻기도 어렵고 듣기도 어려우며, 선지식을 만나 법을 듣고 수행하기도 또한 어려운 일이니라. 더구나 이 경전을 듣고서 믿고 좋아하며 수지하기는 어려운 것 중에서 어려우니, 이보다 더 어려운 것은 세상에 없느니라.

만약 어떤 중생이 염불하는 소리를 듣고서 자비심과 청정심이 일어나고 뛸 듯이 기뻐하며 온몸에 털이 곤두서거나 혹은 눈물까지 흘리는 사람이 있다면, 모두 다 이전 세상에서 일찍이 불도를 닦았기 때문이니, 이런 까닭에 그는 보통 사람이 아니니라.

만약 부처님 명호를 듣고도 마음속에 여우같은 의심이 일어나서 불경의 말씀에 대해 전혀 믿음이 생기지 않는다면 이런 사람은 모두 다 악도에서 온 사람으로 숙세의 재앙이 아직 다하지 않아 이번 생에 성불할 수 없나니, 이런 까닭에 마음에 여우같은 의심이 일어나서 귀 기울여 믿으려고 하지 않느니라."

제46품 부지런히 닦고 굳게 지녀라

부처님께서 미륵보살에게 말씀하시기를, "제불여래의 위없는 교법, 십력과 무소외, 무애와 무착의 매우 깊은 법과 바라밀 등 보살의 법은 쉽게 만날 수 없고, 설사 설법할 수 있는 사람일지라도 잘 열어 보이기 어렵고, 이 법에 대해 견고하고 깊은 믿음을 내는 사람 또한 만나기 어려우니라. 내가 지금 이치대로 이와 같이 광대하고 미묘한 법문을 상세하게 말하였으니 일체 제불께서 칭양·찬탄하시느니라. 그대들에게 부촉하노니 잘 수호할지어다.

모든 유정이 기나긴 밤을 벗어나는 이익을 얻도록 하고, 중생이 오악취에 떨어져 갖은 위험과 괴로움을 다시는 받는 일이 없도록 나의 가르침을 잘 따라 부지런히 닦아야 하고, 부처님께

효순·공경하고 스승의 은혜를 항상 생각하며, 이 법이 멸하지 않고 오래 머물 수 있도록 하며, 이 법을 견고한 신심으로 수지하여 훼손되거나 잃어버리지 않도록 하며, 망령되이 경전의 원문을 더하거나 빼서는 안 되느니라.

항상 이 경전을 끊임없이 염송한다면 매우 빨리 도를 얻으리라. 나의 법은 이와 같아, 이와 같이 말하노니, 여래께서 행하신 대로 또한 따라 행하고, 복을 심고 선을 닦아서 정토에 왕생하기를 구할지니라."

제47품 복덕 지혜 있어야 들을 수 있다

이때 세존께서 게송으로 거듭 말씀하시기를,

과거생에 복과지혜 닦아놓지 않았다면
금생에서 이정법을 들을수가 없지만은
이미여러 부처님께 공양올린 공덕으로
비로소 환희하며 이법문을 믿을수있네

악업교만 해태사견 중생마음 가로막아
여래설한 미묘법문 믿음내기 어려움은
비유컨대 장님이 오래 암흑 속에 있어
다른사람 바른길로 인도할수 없음같네

제불여래 처소에서 온갖선근 심었기에
세상사람 구하는행 바야흐로 능히닦고
듣고나서 깊이믿고 수지하고 사경하며
독송하고 칭찬하고 실천하여 공양하네

이와같이 일심으로 왕생하길 구한다면
누구라도 할것없이 극락세계 갈수있고
삼천대천 모든세상 불바다가 되더라도
부처님의 위신력의 가지받아 왕생하리

여래세존 매우깊은 광대무변 지혜바다
부처님과 부처님만 알수있는 경계라서
성문대중 부처지혜 억겁동안 사유하고
그신통력 다하여도 추측하여 알수없네

여래과지 증득공덕 부처님만 알수있고
세존만이 여래지견 열어보일 수있나니
사람몸 받기어렵고 여래뵙기 어려우며
난중난은 불법믿고 지혜열어 들음이라

여러유정 이번생에 왕생하여 부처되면
보현행원 뛰어넘어 저언덕에 오른다네

이러하니 많이듣고 널리배운 여러보살
응당나의 가르침과 여실한말 믿을지라

이와같이 미묘법문 다행히도 들었으니
어느때나 염불하여 환희심을 낼지어다
수지하여 생사윤회 중생널리 제도하니
부처님 말씀하시니 이사람이 참선우라

제48품 이 경을 듣고서 큰 이익을 얻다

이때 세존께서 이 경법을 설하시자 천인·세간의 1만 2천 나유타 억 중생은 먼지와 때를 멀리 여의고 청정한 법안을 얻었으며, 20억 중생은 아나함과를 얻었으며, 6천 8백 비구들은 여러 번뇌가 다하여 마음에 해탈을 얻었다.

또한 40억 보살들은 무상보리에 머물러 물러나지 않고 큰 서원을 세운 공덕으로 스스로를 장엄하였다. 그리고 25억의 중생은 (이 법문에 따라) 물러나지 않고 선정에 머무는 이익을 얻었다.

4만억 나유타 백천의 중생은 무상보리에 대해 일찍이 발심한 적이 없다가 지금 비로소 처음으로 발심하여 여러 선근을 심어서 극락세계에 왕생하여 아미타부처님을 친견하겠다는 서원을 세웠으니, 모두 다 저 여래의 불국토에 왕생하게 될 것이며, 각자 다른 방위의 불국토에서 차례로 성불하여 이름을 똑같이 「묘음여래」라 할 것이다.

또한 시방세계 불찰토에서 혹은 현재 왕생하거나 미래에 왕생하여 아미타부처님을 뵙게 되는 자로 각각의 세계마다 8만 구지 나유타의 사람들이 수기 받아 무생법인을 얻고 무상보리를 성취할 것이다. 저 모든 유정은 모두 아미타부처님께서 옛날 발원한 인연으로 함께 극락세계에 왕생하게 될 것이다. 이때 삼천대천세계가 6종으로 진동하였고, 또한 갖가지 희유하고 신기한 변화가 나타났나니, 부처님께서 대광명을 놓으사 시방세계의 국토를 두루 비추셨고, 또한 천인들은 허공에서 미묘한 음악을 연주하여 수희 찬탄하는 소리를 내었으며, 색계 제천까지도 모두 다 세존께서 이 경을 설하심을 듣고 일찍이 들어본 적이 없는 묘법이라고 찬탄하면서 무량한 미묘한 꽃들을 분분히 내려 공양하였다.

아난존자와 미륵보살 그리고 여러 보살 성문과 천룡팔부, 일체 대중이 부처님께서 설하신 이 경을 듣고 모두 다 크게 기뻐하면서 신수봉행하였다.

불설대승무량수장엄청정평등각경 종終

발일체업장근본득생정토다라니

나무 아미다바야 다타가다야 다지야타 아미리 도바비 아미리다 싣담바비 아미리다 비가란제 아미리다 비가란 다 가미니 가가나 지다가리 사바하 (세 번)

찬불게 讚佛偈

아미타불 청정법신
금빛으로 찬란하고
거룩하신 상호광명
짝할이가 전혀없네

아름다운 백호광명
수미산을 둘러있고
검고푸른 저눈빛은
사해바다 비추시며

광명속에 화신불이
한량없이 많으시고
보살대중을 교화함
또한 그지없나이다

중생제도 이루고자
사십팔원 세우시고
구품연대로 중생을
피안으로 이끄시네

나무서방극락세계
대자대비아미타불

나무아미타불
(염불 수에 따라 백 번 내지 천 번 하고 다시 4자염불로 바꾼다)

아미타불
(백·천 번)

나무관세음보살
나무대세지보살
나무청정대해중보살
(세 번)

삼귀의 三歸依

부처님께 귀의하와
바라오니 모든중생
큰 이치 이해하고
위없는맘 내어지이다
(절하고 일어난다)

법보에게 귀의하와
바라오니 모든중생
삼장속에 깊이들어
큰지혜 얻어지이다
(절하고 일어난다)

승가에게 귀의하와
바라오니 모든 중생
많은 대중 통솔해
온갖 장애 없어지이다
거룩하신 모든 성중에게 예경하나이다
(절하고 일어난다)

(합장하고 인사한다)

회향게 廻向偈

원하옵건대, 이 공덕으로
불국정토 장엄하여서
위로 사중의 은혜 갚고
아래로 삼악도의 괴로움
건너가게 하옵소서.

만약 견문이 있는 이는
모두 보리심을 발하여
이번 보신이 다할 때
함께 극락국토에 태어나지이다.

저자 소개

회집會集 : 하련거 거사

근대 중국의 선과 정토의 대덕(禪淨大德)인 하련거(夏蓮居, 1886-1965) 거사는 유교와 불교, 현교와 밀교, 선종과 정종, 각 종을 자유롭게 드나들며 원융회통하고, 더욱이 선종과 정종의 종지를 깊이 그리고 지극히 미세하게 궁구하였다. 2차 대전 후 하련거 노거사는 정토를 전수專修 전홍專弘하는 조직인 「정종학회淨宗學會」를 제창하였다. 이는 염불도량의 현대화된 명칭으로 그 목적은 바로 사회대중이 불교를 미신으로 보는 관념을 제거하고 올바른 부처님의 진리를 전달하는 것이다. 무량수경 선본善本을 회집한 하련거 노거사의 뜻을 이은 정공 법사는 현재 전세계 250여 정종학회, 3억 여 정토행자의 영도자로서 정토종의 중흥을 이끌고 있다.

편역 : 무량수여래회

무량수여래회無量壽如來會는 정토5경 1론과 정토 조사스님들의 어록에 근거한 부처님과 조사스님들의 정토법문에 따라 염불하는 불자들의 모임이다. 정토 경전과 논서 등을 통해 한국과 중국 등의 다양한 정토법문을 두루 공부하되 일심정토, 서방정토, 유심정토 등 미묘한 교법들을 두루 원만히 공부하며 믿음·발원·염불행을 통해 왕생극락하여 일체중생을 제도하는 것을 목표로 한다. 살아서는 아미타부처님의 본원에 따라 안심安心을 얻고 종파를 떠나 정토 행자들의 화합과 친목을 도모하며, 정토법문을 널리 펼쳐 한 사람이라도 육도윤회에서 벗어나 극락정토에 왕생할 수 있도록 경전과 정토서적의 번역·발간·보급에 최선을 다하고 있다.
펴낸 책으로는 『정토오경일론』, 『무량수경 친문기』, 『정토삼부경과 감응록』, 『한글 사경본 불설무량수경』, 『한글·한문 독송용 무량수경』, 『아미타경 무량수경 약본』, 『방생살생현보록』, 『관경사첩소 심요』 등이 있다.
한편, 무량수여래회는 근본도량인 경북 영주시 장수면 용두사에서 매달 셋째 토요일 염불철야정진법회를, 서울도량에서 매달 넷째 일요일 염불가행정진법회를 열고 있다. 봉행한다. 아울러 부산 세종 대구 강릉 등 지역별로 정기 철야 또는 염불정진법회를 봉행하고 있다.
문의 : ☎ 010-6790-0856 유튜브 ID: 무량수여래회, 네이버밴드 무량수여래회: band.us/@mrsb

우리는 모두 한 가족입니다(四海同胞)

我们都是一家人

출판 자금을 내거나
독송 · 수지하는 사람과
여러 사람 여러 장소에
유통시키는 사람들을 위해
두루 회향하는 게송

경을 인쇄한 공덕과 수승한 행과
가없는 수승한 복을 모두 회향하옵나니,

원하옵건대 전생 현생의 업이 다 소멸되고,
업과 미혹이 사라지고 선근이 증장되며,

현생의 권속이 안락하고, 선망 조상들이 극락왕생하며,
시방찰토 미진수 법계, 공존공영하고 화해원만하며,
비바람이 항상 순조롭게 불고 세계가 모두 화평하며,

일체 재난이 없어지고 사람들이 건강 평안하며,
일체 법계 중생들이 함께 정토에 왕생하게 하소서.

무량수경이 바로 아미타불입니다

아미타부처님께서는
어디에 계십니까?
『무량수경』이 바로
아미타부처님이십니다.
우리가 매일 독송하면
아미타부처님을 마주하고,
그의 법문(여래지견)을 듣고
그의 가르침을
받는 것과 같습니다.
우리는 진실하고 참된
태도로 독송해야 합니다.
이럴 때 비로소 감응이 있습니다.
－정공상인, 당생성불

處順境隨善緣無貪癡 福慧全現

處逆境隨惡緣無瞋恚 業障盡消

In bad times accept the unfavourable without anger and hatred,
and all bad karma will disappear.

In good times detach yourself from the favourable without greed
and obsession, and blessing and wisdom will appear.

불설대승무량수장엄청정평등각경

한글·한문 독송용 무량수경

1판 1쇄 펴낸 날 2018년 5월 11일
1판 8쇄 펴낸 날 2024년 4월 7일

회집 하련거 편역 무량수여래회
발행인 김재경 편집 허만항 디자인 김성우 제작 경희정보인쇄
펴낸곳 도서출판 비움과소통(blog.daum.net/kudoyukjung)
　　　서울 금천구 가산디지털2로 43-14 한화비즈2차 7층 702호
　　　전화 010-6790-0856 팩스 0505-115-2068
　　　이메일 buddhapia5@daum.net
출판등록 2010년 6월 18일 제318-2010-000092호

ⓒ 무량수여래회, 2018
ISBN 979-11-6016-021-5 03220

＊ 전세계 정종학회에서 발간된 서적은 누구든지 번역해서 사용할 수 있습니다.
　한국어판 역시 누구든지 포교용으로 활용이 가능합니다.